언제나, 변함없이, 항상 부모님께 바칩니다.

& to my love Jeongamara

버 려 야
이 긴 다
가 벼 워 야
이 긴 다

프레젠테이션의 신

전철웅
지음

쌤앤파커스

차례

PART2
제작은 그런 것이 아니다

PART3

발표는 그런 것이 아니다

제목의 변

나는 그저 킬링 메시지를 던졌을 뿐이다

당신이 이 책을 집어 들었다면 분명 '신神'이라는 단어 때문일 것이다. 도대체 얼마나 대단한 인간이길래 감히 스스로를 '신'이라 부르는지, 얼마나 뻔뻔해야 표지 위에 '신'이라는 제목을 당당히 박아 넣을 수 있는지. 조롱과 조소로 가득 찬 당신의 표정이 눈에 선하다. 이 책의 저자인 나 역시 그랬을 테니까.

하지만 상관없다. 중요한 건 서점에 깔려 있는 수많은 책들 중에 《프레젠테이션의 신》을 당신이 선택했다는 사실이다. 그렇다. 나는 지금 프레젠테이션을, 그것도 아주 치열한 경쟁 프레젠테이션을 하고 있는 것이다. '신'이라는 단어의 선택이 맞냐 틀리냐는 나중 문제다. 독자의 관심을 끌 수 있다면, 독자에게 선택받을 수만 있다면 이보다 더한 표현도 서슴지 않았을 것이다. 물론 청중의 관심과 집중도가 최고조에 이르는 천금 같은 프레젠테이션 초반을 쓸데없는 사족과 의미 없는 인사말로 낭비하는 이들에게는 이런 식의 표현이 부담스럽겠지만, 초반에 던지는 강한 메시지야말로 -나는 이를 '킬링 메시지killing message'라 부른다.- 프레젠테이션을 성공으로 이끄는 강력한 엔진임을 믿어 의심치 않는다.

내가 '신'이라 불릴 만한 능력을 갖추었는지는 중요하지 않다. 설사 그렇다 하더라도 누가 믿겠는가. 중요한 건 본질에 대한 자신감과 확신이다. 이 정도의 내용과 콘텐츠라면 그 어떤 프레젠테이션 책들과 비교해도 압도적 우위에 설 수 있다는 저자의 자신감과 출판사의 확신이 있었기에 '신'이라는 단어 앞에 당당할 수 있는 것이다.

자신의 본질에 감히 '신'이라는 수식어를 붙일 자신이 없다면, 그 정도의 배포와 기세가 아니라면 경쟁 프레젠테이션 근처에는 얼씬도 하지 말아야 한다. 이 책 역시 그러하다.

당신도 그러길 바란다.

프롤로그

이것은 진짜 비즈니스 프레젠테이션 책이다

'헬조선, 불반도'

대한민국을 이렇게 부르고 다니는 사람들이 있다. 물론 나는 절대, 절대로 동의하지 않지만 진짜 이 나라가 헬조선, 불반도라면 이유는 단 하나, 바로 거품이다. 대한민국은 나라 전체가 거대한 거품 속에서 허우적대고 있는 '거품 공화국'이다. 뭣이 정말 중한지도 모른 채, 너도나도 거품에 올라타기 위해 그리고 자신의 거품을 터트리지 않기 위해 별의별 짓을 다한다. 만약 이 거대한 거품이 꺼진다면 그때가 진짜 헬조선일 것이다.

프레젠테이션도 예외는 아니다. 도대체 파워포인트는 왜 그렇게까지 화려해야 하며 프레젠터의 외모와 복장에는 무슨 놈의 규칙과 제약이 그리도 많단 말인가. 프레젠테이션 기획은 뭐가 그리 복잡하고 어려운가. 무슨 무슨 법칙이니, 성공적인 기획으로 가는 몇 단계니, 업자인 내가 들어도 머리가 아플 지경이다. 13년째 실전 비즈니스 프레젠테이션 현장을 뛰어다니며 느낀 건 거품도 이런 거품이 없다는 것이다. 프레젠테이션 한 번에 사운이 결정되고 담당자들의 자리가 왔다 갔다 하는 경우가 많다 보니 그러한 불안 심리를 이용하여 마치 프레젠테이션에 거대한 법칙이나 시스템이 존재하는 것인 양 약장수들이 약을 팔고 다닌다.

나는 분명히 말할 수 있다. 프레젠테이션은 그런 것이 아니다. 레고 블록 끼워 맞추듯 딱딱 들어맞는 단계별 법칙도 없을뿐더러 수학 공식처럼 대입만 하면 자동으로 해결되는 솔루션도 존재하지 않는다. 그러한 것들이 있을 리가 없다. 이유는 간단하다.

프레젠테이션은 사람이 사람에게 하는 것이기 때문이다.

이 책을 읽는다고 해서 프레젠테이션 실력이 갑자기 올라가는 기적은 일어나지 않는다. 물론 세상에 그런 책은 존재하지 않는다. 이 책의 목적은 간단하다. 그리고 명확하다. 프레젠테이션은 생각만큼 복잡하지도 어렵지도 않다는 사실을 알리는 것. 그리고 그동안 프레젠테이션에 쏟았던 시간과 돈이 더 소중하고 중요한 곳에 쓰이길 바라는 것이다. 세상에는 프레젠테이션보다 훨씬 더 중요하고 소중한 일이 너무나 많다. 도대체 왜 주말까지 반납해가며 프레젠테이션을 준비해야 하는가.

주말을 마음껏 즐겼던 클라이언트가 생각난다. 재규어 랜드로버의 수원 지역 신규딜러사업자 선정 경쟁 프레젠테이션을 같이 준비했던 천일오토모빌의 팀장이다. 이 팀장은 프로젝트의 총괄 담당이자 프레젠테이션 발표까지 맡고 있었지만, 쉴 때는 쉬어야 한다며 주말마다 BMW 모터사이클을 타고 여유롭게 라이딩을 즐겼다. 결과는 어땠을까. 수원시 영통구 중부대로 490번지에 가보라. 수도권 지역 최고의 시설과 규모를 자랑하는 천일오토모빌 재규어 랜드로버 전시장과 서비스 센터를 볼 수 있을 것이다.

물론 프로젝트에 임하는 여유로운 자세와 확신이 없었다면 불가능한 일이었다. 여유도 없고 자신도 없으면 꾸역꾸역 주말까지 사무실에 나와 서류를 붙들고 있는 법이다.

프레젠테이션은 얼마든지 웃으면서 준비할 수 있다. 물론 주말에 쉴 수도 있다. 프레젠테이션은 괴물이 아니다. 그저 인간과 인간 사이에서 벌어지는 커뮤니케이션일 뿐이다. 물론 프레젠테이션을 마치 대단한 법칙이자 시스템인 양 포장해야 밥벌이를 할 수 있는 사람들이 있다는 건 안다. 하지만 그건 그 사람들 사정이지 내 알 바가 아니다.

내 꿈은 소박하다. 클라이언트와 웃으며 프레젠테이션을 준비하는 것. 즐겁게 이기는 것. 그리고 "디자인은 기획을 이길 수 없고 기획은 본질을 넘을 수 없다."는 평범한 진리를 매 순간 증명하는 것이다.

자신감과 확신을 담아 한 가지 더 첨언하자면, 이 책이 국내 프레젠테이션 책 중 최고라고 자신할 수는 없지만 '진짜 비즈니스 프레젠테이션 책'임은 감히 자부할 수 있다. 이에 동의하는 사람은 응원의 메일을, 반대하는 사람은 항의의 메일을 보내주기 바란다. 언제든 환영이다.

비 내리는 아침, 홍콩에서

전철웅

PART 1

기획은 그런 것이 아니다

[디자인은 기획을 이길 수 없고
기획은 본질을 넘을 수 없다.]

01

머리로는 절대 가슴을 이길 수 없다

프레젠테이션은 설득이 아니다

프로야구는 워낙 변수가 많고 예측 불가능한 돌발 상황이 끊임없이 일어난다. 이를 두고 이순철 해설위원은 "야구는 살아 있는 생물이다."라고 말한다. 이유가 뭘까? 둥근 공을 둥근 배트로 타격하는 구기 종목이기 때문이기도 하지만, 무엇보다 가장 큰 이유는 사람이 하는 일이기 때문이다. 프레젠테이션 역시 마찬가지다. 생물 정도가 아니라 '미쳐 날뛰는 들짐승'이라고 하는 게 더 맞겠다.

그래서 프레젠테이션이 어려운 것이다. 이 일을 13년째 하고 있는 나도 새로운 프로젝트를 마주할 때마다 "이번에는 또 어떻게 해야 하나."라는 생각에 머리가 아득해진다. 그렇다고 일을 어렵게 하지는 않는다. '어려운 것'과 '어렵게 하는 것'은 엄연히 다르다. 그런데 사람들은 안 그래도 어려운 프레젠테이션을 더 어렵게 만든다. 그 이유는 바로 어느 정신 나간 인간이 만들어놓은 "프레젠테이션은 설득이다."라는 명제 때문이다.

프레젠테이션은 절대, 절대 설득이 아니다. 프레젠테이션을 설득이라고 생각하는 순간 '헬 게이트' 오픈이다. 왜냐하면 설득에는 반드시 '논리'라는 괴물이 따라붙기 때문이다.

설득의 정의는 '상대편이 이쪽 편의 이야기를 따르도록 여러 가지로 깨우쳐 말함'이다. 상대방이 이쪽 편의 이야기를 따르도록 하려면 어떻게 해야 할까? 당연히 논리적으로 풀어내야 할 것이다. 설득을 한다면서 떼를 쓰며 드러눕거나 눈물로 읍소하는 사람은 없다. 어찌 보면 이건 본능이다. 설득하고자 하는 사람은 논리력의 유무와 상관없이 무조건 논리로 풀려 한다.

하지만 생각해보자. 길어야 10분, 짧으면 5분 안에 끝나는 프레젠테이션을 논리적으로 풀어낸다는 게 과연 현실적으로 가능한 것인가? 정말로 그런 일이 가능해서 프레젠테이션은 설득이라고 떠들어대는 것인가? 논리라는 이름을 달고 떠돌아다니는 정체불명의 법칙들과 시스템 덕분에, 엘리트들은 물론 순진한 대학생들마저 프레젠테이션은 설득이라고 철석같이 믿고 있다.

"프레젠테이션은 설득이다."라고 떠들고 다니는 프레젠테이션 강사들은 양심이 있다면 '과연 내가 그 짧은 시간 안에 청중을 설득시킬 능력을 가지고나 있는지' 스스로 자문해보기 바란다. 한 번이라도 그 잘난 논리를 이용해 클라이언트와 심사위원을 설득해본 적이 있는가? 인생 자체가 설득인, 자칭 설득의 고수라 불리는 쇼호스트들도 팬티 1장 팔기 위해 몇 십 분씩 떠들어대는 마당에 도대체 무슨 근거와 자신감으로 설득이라는 말을 쉽게 입에 올리는 것인가.

청중은 논리를 지독하게 싫어한다

철석같이 믿었던 "프레젠테이션은 설득이다."라는 말을 정면으로 부정하는 상황이 다소 혼란스러울 것이다. 하지만 혼란을 느끼기엔 아직 이르다. 하나 더 남았다. 바로 '청중은 논리를 좋아하지도 않을뿐더러 기대조차 하지 않는다'는 사실이다.

상식적으로 생각해보자. 발표 시간을 넉넉히 주는 프레젠테이션은 이 세상에 없다. 앞서 말했듯이 길어야 10분, 짧으면 5분이다. 물론 1시간짜리 프레젠테이션도 있지만 그 역시 준비한 내용에 비하면 턱없이 시간이 부족한 경우가 태반이다. 참고로 우리나라 경제계 최대 이슈 중 하나였던, 조 단위가 왔다 갔다 하는 면세점 신규사업자 선정 경쟁 프레젠테이션 발표 시간도 고작 5분이었다.

50분이 아니라 5분이다. 이유가 무엇이겠는가? 핵심만 발표하라는 뜻이다. 논리니 근거니 하는 것들은 제출된 제안서를 보고 참고할 테니 제발 이 시간에는 요점만 말하라는 뜻이다. 만약 논리를 원하는 청중이라면 프레젠테이션이 아니라 세미나나 토론회를 열었을 것이다. 슬라이드를 띄우는 게 아니라 보고서를 제출하라고 했을 것이다. 멀리 갈 필요도 없이 스스로에게 물어보라. 당신은 논리를 좋아하는가? 당신은 논리적인 사람인가?

자신은 논리적이지도 않으면서 왜 논리로 사람을 설득하려 드는가. 프롤로그에서 프레젠테이션은 '사람이 사람에게 하는 것'이라고 했다. 얼핏 보면 당연하고 단순한 말 같지만 굉장히 중요한 말이다. 한 번 더 묻겠다. 당신은 인간이라는 동물이 논리적이라고 생각하는가? 그럼 이 질문은 어떤가? 인간은 이성의 지배를 받는 동물인가, 감성의 지배를 받는 동물인가? 굳이 뇌과학자나 신경정신과 의사의 의견을 듣지 않아도 당신은 이미 정답을 알고 있다. 가슴이 싸지른 똥을 머리로 치우는 게 인간이라는 사실을. 머리는 절대 가슴을 이길 수 없음을.

제 입맛에 맞아야 더 지지한다

성공적인 프레젠테이션 사례로 꼽히는 평창 동계올림픽 유치 프레젠테이션은 김연아의 깜짝 놀랄 만한 스피치 능력과 나승연 대변인의 유창한 영어 실력 등 많은 화제와 이야깃거리를 남겼다. 나 역시 그날의 프레젠테이션이 훌륭했음을 부정하지 않는다. 하지만 "이젠, 평창이 할 때도 됐지."라는 IOC 위원들의 동정표 없이 온전히 프레젠테이션만으로 이겼노라 자신 있게 말할 수 있는 사람은 많지 않을 것이다. 1998년 일본 나가노 올림픽 이후 20년 만에 아시아에서 열리는 동계 올림픽이라는 메리트가 점수에 반영되었을 것이라는 주장 역시 부정하기 힘들다. IOC 위원들도 감정의 지배를 받는 사람이다.

온 나라를 떠들썩하게 했던 '4대강 살리기 사업' 공사. 나 역시 4대강 공사 입찰 관련 경쟁 프레젠테이션 제작에 참여했었다. 그런데 시간이 흐른 뒤 수주의 결과가 공정한 입찰 경쟁이 아닌 대형 건설사들이 주도한 담합의 결과였다는 사실을 언론보도를 통해 알게 되었다. 이런 '짬짜미'는 대기업에서만 일어나는 일이 아니다. 〈한국경제신문〉 2016년 3월 9일자 사설에 의하면, 대기업 참여가 금지된 중소기업 간 경쟁 제품 공공입찰과 관련해 감사원이 중소기업협동조합에 대한 집중 감사를 나섰다는 사실이 밝혀졌다. 그런가 하면, 들러리 입찰로 설계비를 챙긴 건설사들이 '발주처에 보상비를 전액 반환하라'는 판결을 받았다는 보도가 〈한국경제신문〉 2016년 1월 25일자 기사로 보도되었다. 이런 사실들을 어떻게 해석해야 하는 것일까?

나는 지금 경쟁 입찰에서 '로비'와 '짬짜미'가 필수라는 이야기를 하려는 것이 아니다. 논리와 설득만으로는 안 된다는 걸 말하고 싶은 것이다. 결국 사람과 사람 사이에서 벌어지는 일이기에 논리만으로는 도저히 풀어낼 수도, 설명할 수도 없는 많은 변수가 존재한다는 사실을 말하고 싶은 것이다. 아무리 우리가 논리와 설득으로 무장해도 프레젠테이션은 우리의 의도와 상관없이 제멋대로 미쳐 날뛰고 있다.

고대 그리스 철학자 아리스토텔레스 역시 설득에 있어 논리가 차지하는 비중이 얼마나 미약한지를 다음과 같이 설명했다.

"설득의 3대 원천인 에토스, 파토스, 로고스. 이 셋이 설득에 미치는 영향력은 각각 다르다. 말하는 사람의 인격적 측면인 에토스의 영향력은 60%, 상대의 감정과 이미지에 호소하는 요소인 파토스의 영향력은 30%이다. 그리고 논리를 통해 이성에 호소하는 로고스는 10%밖에 차지하지 않는다."

설득에 있어 이성적 논리가 차지하는 비중은 거의 없다고 봐도 무방하다.

세계적인 직장인 만화 '딜버트Dilbert'의 저자 스콧 애덤스Scott Adams는 〈조선일보〉와의 인터뷰에서 도널드 트럼프Donald Trump 열풍을 이렇게 설명했다.

"유권자는 감정적인 동물이에요. 냉철하게 그가 대통령으로서 자질이 있는지를 분석하지 않죠. 더 많이 공감할수록 더 많이 지지해요. 유권자들은 트럼프가 이기적인 얼간이처럼 행동할수록 그에게서 인간적 매력을 느껴요. 그의 행동에 친밀감을 느끼고 그에게 홀리게 되는 거죠."

사람 사이의 대화일 뿐이다

하지만 설득이라는 개념이 가진 가장 큰 문제점은, 설득한다는 행위 자체가 '본질에 대한 확신과 자신감의 결여'를 청중에게 공개적으로 드러내는 꼴이라는 것이다. 설득한다는 것 자체가 "상대방이 좋아하지 않을 것이다." 혹은 "상대방은 관심 없을 것이다."라는 지극히 부정적인 전제를 깔고 가는 것이니 말이다. 억지로 호감과 관심을 끌어내려는 것만큼 안쓰러운 모습도 없을뿐더러 청중은 그러한 저자세를 가진 프레젠터에게 일말의 동정도 보내지 않는다. 바꾸어 말하면 본질에 대한 확신이 있는 사람은, 즉 자기가 전하고자 하는 메시지에 자신 있는 사람은 그냥 있는 그대로 보여줄 뿐, 굳이 이런저런 논리를 갖다 붙이며 설득이라는 고난의 길을 자처하지 않는다.

설득, 말은 참 쉽다. 하지만 하루에도 수만 가지 생각을 하고 끊임없이 이성과 감성이 충돌하는 감정의 동물인 인간을 5분, 10분이라는 짧은 시간 동안 논리로 설득한다는 발상 자체가 얼마나 웃기는 일인가. 프레젠테이션은 설득이 아니다. 프레젠테이션은 논리가 아니다. 프레젠테이션은 체계도 아니고 시스템도 아니다. 감성과 감정이 충돌하는 지극히 단순한 인간 사이의 커뮤니케이션일 뿐이다.

사람을 지배하는 것은 논리가 아니라 감정이다.
자신의 정당성을 주장하기 위해 논리적 근거를 내세우지만,
실제로는 감정을 합리화하기 위해
논리를 동원하는 경우가 일반적이다.
사람들은 사실이기 때문에 믿는 것이 아니라
믿고 싶기 때문에 믿는다.
감정은 직관적인 이미지의 지배를 받는다.

— 《지금 마흔이라면 군주론》 중에서

《지금 마흔이라면 군주론》 | 김경준 지음 | 2012년 8월 | 위즈덤하우스

거품 쫙 뺀 단순함의 힘

산문집 《언제 들어도 좋은 말》에는 저자 이석원 씨가 정신과 의사와 소개팅을 한 이야기가 나온다. 만남을 끝내고 집으로 돌아오는 길에 상대 여성으로부터 다음과 같은 문자 한 통을 받았다는 내용이다.

"인생은 단순해요.우리 머릿속이 복잡할 뿐이지."

맞는 말이다. 그리고 이 말은 프레젠테이션 기획과도 정확히 일치한다. 기획이 어려운 것이 아니라 기획하는 사람들의 머릿속이 복잡한 것이다. 바로 '기획'이라는 거품 때문이다.

서점에 깔려 있는 수많은 책들을 보면 답답함을 느낀다. 왜 기획 관련 서적들은 하나같이 두꺼울까. 나도 '킬링 메시지Killing Message'라는 독자적인 프레젠테이션 기획 이론을 가지고 있지만 이를 주제로 책을 쓸 생각은 없다. 아니, 못 쓴다는 표현이 더 정확하다. 사실 킬링 메시지 이론으로 책을 쓰기 위해 여러 번 시도했지만 결국 포기하고 말았다. 아무리 머리를 쥐어 짜내도 책 한 권 분량의 원고가 나오지 않았기 때문이다.

복잡한 머릿속에는 단순함이 먹힌다

프레젠테이션이나 제안과 관련된 책뿐만이 아니라 분야를 막론하고 기획이라는 타이틀을 달고 나오는 책들은 전부 두껍다. 마치 "기획을 하려면 이 정도는 알아야 돼."라고 윽박지르는 것 같다. 한마디로 거품이다. 기획을 말하는 사람이나 배우려는 사람이나 기획이라고 하면 씨줄과 날줄처럼 복잡하게 얽히고 설킨 것이라고 생각한다. 그리고 그것이 뭔가 그럴듯한 시스템과 법칙에 의해 한방에 정리될 거라 생각한다. 하지만 정작 어려운 건 훌륭한 '본질'을 확보하는 것이지 프레젠테이션 기획은 어렵지도 복잡하지도 않다. 사람들의 선입견이 어렵게 만들었을 뿐이다. 그저 우리 머릿속이 복잡할 뿐이다.

나도 한때 기획은 산더미 같은 자료와 함께 끊임없는 회의를 거쳐야만 얻을 수 있는 고통의 산물이라고 생각했다. 최소한 그 정도는 해야 한다고 믿었다. 나만 그런 것이 아니라 클라이언트들도 그렇게 믿었다. 솔직히 기획에 대한 맹신은 클라이언트들이 더 심했다. 답답한 회의실에 틀어박혀 다들 우거지상을 하고 앉아 깨알 같은 글씨들이 가득 들어찬 서류를 뒤적이며, 확신도 없고 참신하지도 않은 그 무언가를 찾아 헤맸던 것이다. 하지만 기획은, 프레젠테이션 기획이라는 것은 그런 것이 아니다. 사실 너무나 단순하다. 너무 단순해서 기획이라는 단어를 쓰기도 민망하다.

"핵심과 결론을 제일 먼저 보여주는 것."

이게 바로 프레젠테이션 기획이다. 정말 간단하지 않은가. 이렇게 간단한 일을 사람들은 전략이니 분석이니 떠들어대면서 프레젠테이션을 어렵고 복잡하게 만들고 있다. 생각해보라. 프레젠테이션을 준비하는 사람도 어려운데 듣는 사람은 얼마나 어렵겠나. 프레젠테이션 기획이 단순하고 명쾌해야 청중 역시 명쾌한 핵심을 받아들일 수 있다.

아끼면 똥 되는 이유

그렇다면 왜 제일 먼저 보여줘야 할까? 두 가지 이유가 있다.

첫째는 집중력이다. 청중의 집중력이 가장 높을 때는 당연히 초반이다. 중간도 아니고 마지막은 더더욱 아니다. 그렇기 때문에 프레젠테이션이 시작함과 동시에 핵심과 결론을 보여줘야 한다. 특히나 여러 회사가 로테이션으로 돌아가는 경쟁 프레젠테이션의 경우 당신의 회사가 후반부에 발표를 한다면 이미 청중의 머릿속은 앞서 발표한 회사들의 내용으로 뒤죽박죽일 것이다. 그러니 심사위원의 머릿속에 조금이라도 당신의 본질을 기억시키고 싶다면 무조건 초반에 핵심을 날려야 한다. 기승전결이니 서론, 본론, 결론이니 하는 말도 안 되는 흐름이나 순서는 집어치우고 무조건 결론부터 말해야 한다.

한때 스토리텔링이 유행하면서 프레젠테이션에도 스토리가 있어야 한다며 뜬금없이 스토리 열풍이 분 적이 있었는데 그런 열풍을 조장하는 사람 치고 실전 비즈니스 프레젠테이션을 한 번이라도 경험해보기나 했을지 의문이다. 그들의 전직이나 현직이 무엇인지 알고 나면 스토리를 실으라는 말이 얼마나 말도 안 되는 헛소리였는지 금방 알 수 있다. 프레젠테이션은 무조건 결, 결, 결이다. 서론과 본론을 챙길 시간도, 들어줄 사람도 없다.

청중은 언제나 새로운 이야기를 빨리 듣고 싶어 한다. 업무상 바쁜 클라이언트, 특히 대표이사에게 직접 프레젠테이션을 하는 자리에서 쓸데없는 잡소리를 늘어놨다가는 쫓겨나든가 클라이언트가 나가버리든가 둘 중 하나일 것이다.(이 초반 집중력에 관한 부분은 다음 챕터에서 사례와 함께 다시 한 번 자세히 다루도록 하겠다.)

둘째는 심장이다. 개강 첫날, 여학생의 얼굴을 본 순간 남학생의 머릿속은 온통 그녀 생각뿐이다. 그녀의 자전거가 가슴속에 들어왔기 때문이다. 샤넬이 가슴속에 들어온 여자도 벤츠가 가슴속에 들어온 남자도 마찬가지다. 그렇다. 원인이 해결되기 전까지 한번 뛰기 시작한 심장은 절대 멈추지 않는다. 월급이 300만 원인 사람이 300만 원짜리 가방을 할부로 긁어버리는 일이 가능한 이유다. 원룸 주차장에 외제차가 즐비하고 결국 유지비를 감당 못한 차들이 중고매물로 쏟아져 나오는 이유도 이 때문이다. 물론 나는 고작 명품 따위에 월급을 몽땅 갖다 바치는 그런 미친 짓은 하지 않는다고 반박할 사람도 있을 것이다. 허나 단지 명품이나 외제차에 심장이 꽂히지 않았을 뿐이지 그 대상이 무엇이든 일단 심장이 뛰기 시작하면 당신도 어쩔 수 없다.

청중 역시 사람이다. 만약 당신이 보여준 핵심이 청중의 심장을 뛰게 만들었다면 게임은 끝난 것이다. 다시 한 번 말하지만 핵심과 결론이다. 근거니 논리니 필요 없다. 이미 마음을 빼앗긴 청중은 당신과 함께 기꺼이 근거와 논리를 찾으려 할 것이기 때문이다. 그렇기 때문에 엄청난 돈과 시간을 들여 만든 CG computer graphic를 무슨 비장의 무기 꺼내듯 프레젠테이션 막판에 공개하는 건축설계, 토목설계 회사들을 나는 도무지 이해할 수가 없다. 그토록 화려하고 멋진 CG를 왜 아껴두는가. 마지막에 서프라이즈 파티라도 할 생각인가. 설계 프레젠테이션에서 보여줄 수 있는 최고의 핵심과 결론이 뭔가. 바로 조감도이다. 우리의 결과물을 가장 확실하고 실체적으로 보여주는 조감도와 CG들을 놔두고 무슨 콘셉트 타령인가.

대부분의 설계 회사들이 약속이라도 한 듯 프레젠테이션 초반에 설계 콘셉트를 설명하는데, 그 어느 누구도 "이 건물의 설계 콘셉트는 뭘까?"를 궁금해하며 건물에 들어서지 않는다. 물론 청중도 관심 없다. 결과물과 비용에만 관심 있을 뿐이다. 그러니 어차피 말장난에 불과한 콘셉트니 기획의도니 주절대지 말고 주저 없이 CG와 조감도를 공개하자. 아끼면 똥 된다.

투자자들이 가장 듣고 싶은 말

앞서 프레젠테이션 기획은 "핵심과 결론을 제일 먼저 보여주는 것"이라고 했다. 그런데 문제가 있다. 핵심이 어떤 것이냐 하는 것이다. 핵심의 가치는 기준에 따라 얼마든지 달라질 수 있다. 특히 여러 회사가 컨소시엄을 구성하거나 타 부서와 협업하는 프로젝트의 경우 다들 자신들의 핵심이 더 중요하다고 생각한다. 서로 감정이 상하는 경우도 있다. 열 손가락 깨물어 안 아픈 손가락 없듯 다 중요해 보인다. 그중에 하나를 골라내기란 생각만큼 쉽지 않다. 하지만 이 역시 아주 간단한 질문으로 쉽게 찾아낼 수 있다.

첫째. 나라면 우리 회사의 본질(제품, 계획, 사업)을 선택할 것인가?

둘째. 선택한다면 왜?

이상이다. 너무 간단해서 놀랐는가. 세상의 진리는 원래 단순한 법이다. 이는 실전에서 내가 직접 쓰는 방법이기도 하다. 앞서 말했듯이 나 역시 처음에는 전략이니 분석이니 떠들어댔지만 10년이 넘는 세월 동안 수많은 프로젝트를 만나고 시행착오를 겪으면서 얻은 결론이자 깨달음이다.

그 대신 무엇보다 솔직해야 한다. 지나칠 정도로 솔직해야 한다. 앞서 제시한 "나라면 선택할 것인가? 그렇다면, 왜?"라는 두 가지 질문에 대한 대답을 말하는 것이다. 이 질문에 대한 대답을 하는 순간만큼은 그 어떤 이해관계나 주변 상황을 의식해서는 안 된다. 옆에 있는 상사나 동료들의 눈치를 봐서는 안 된다는 뜻이다. 냉정하게 판단했을 때 "아무리 우리 회사의 본질이지만 선뜻 선택하기가 꺼려진다."는 생각이 들면 반드시 그렇게 대답해야 한다. 윗사람의 눈치를 보느라 "당연히 저라면 선택합니다."라는 마음에도 없는 거짓을 말한다면 그때부터 기획은 꼬여버린다. 그리고 그 꼬여버린 실타래는 끝까지 풀어지지 않는다.

그렇기 때문에 첫 기획회의를 할 때는 해당 프로젝트를 진행할 소수의 인원만 참석해야 한다. 아무래도 듣는 귀가 많고 보는 눈이 많으면 솔직한 대답을 하기 힘들기 때문이다.

이와 관련해 개인적으로 '판교 분탕 사건'이라고 부르는 경험이 하나 있다. 판교에 위치한 국내 유명 IT기업이 운영하고 지원하는 스타트업 회사들의 투자 유치 프레젠테이션의 기획과 제작을 맡아달라는 의뢰를 받은 적이 있다. 미팅을 위해 본사를 방문했는데 회의실에 들어서자마자 실망을 금할 수 없었다. 투자를 받기 위해 프레젠테이션을 준비하는 당사자들의 표정이나 자세에서 기세라고는 전혀 찾아볼 수가 없었기 때문이다. '판교까지 괜히 왔구나.' 싶었다. 자신들의 아이디어와 계획만으로 투자를 받고자 하는 사람들이라면 팔팔한 생기와 함께 눈동자가 살아 있어야 하는데 전혀 그렇지가 않았다. 게다가 거만한 자세와 표정으로 팔짱을 끼고 앉아 시종일관 나를 못마땅하게 쳐다보고 있는 정체 모를 직원의 얼굴을 보는 순간 의뢰를 맡고 싶은 마음도

싹 사라져버렸다.

"젠장, 판교까지 왔는데 분탕이나 치고 가야겠다."라는 생각에 앉아 있는 사람들에게 꽤 강한 질문을 던졌다. 자세히 기억은 안 나지만 대충 이런 질문이었다.

"제가 여러분께 공통된 질문을 던질 겁니다. 솔직히 대답하셔야 하고 3초 안에 대답하셔야 합니다. 머뭇거리면 틀린 대답으로 알겠습니다."

침묵.

"여러분이라면, 이 회사에 투자하시겠습니까? 하나, 둘, 셋."

여전히 침묵.

다들 어안이 벙벙해진 표정으로 앉아만 있을 뿐 아무도 대답을 하지 못했다. 황당했을 것이다. 저 인간이 지금 우리를 깔본다고 생각했을 수도 있다. 그때 누군가 자존심이 상했는지 "저는 투자합니다."라고 정색하며 대답을 했고 나는 곧바로 두 번째 질문을 던졌다.

"왜요?"

그러자 마지못해 내뱉은 대답이 걸작이었다.

"지금까지 세상에 없던 거니까요."

순진하다고 해야 하나 순수하다고 해야 하나. 다급한 마음에 저리 대답을 했으리라. 결국 내 의도대로 그날 미팅은 '나가리' 났고 그 어떤 팀도 나에게 일을 맡기지 않았다. 물론 의도는 불순했지만 저 두 질문은 그들에게 굉장히 중요한 질문이었다. 바로 투자자들이 묻고 싶은 질문들이기 때문이다. 투자자들이 원하는 건 언제나 똑같다.

"왜 내가 당신 회사에 돈을 써야 하지?"

바로 이 질문에 대한 답이다. 그것도 아주 시원하게 답해주길 원한다. 이 질문에 대한 대답만 시원하게 할 수 있으면 투자 유치 프레젠테이션은 이미 8부 능선을 넘은 것이다.

하지만 안타깝게도 많은 회사들이 이 간단하면서도 중요한 질문에 시원스레 대답하지 못한다. 다들 우리의 아이디어와 제품이 얼마나 대단한지를 말하는 데에만 열을 올린다. 대단한 걸 누가 모르나? 핵심은 대단한 물건이나 아이디어가 아니라 "왜 그 대단한 물건에 돈을 투자해야 하는가?"이다. 그리고 이 질문에 대한 정답은 그 어느 누구도 알려줄 수 없다. 본인들이 찾아야 한다. 상식적으로 그렇지 않은가. 내가 만든 제품과 아이디어에 관한 해답을 누가 대신 찾아준단 말인가. 컨설팅 업체가? 남들 배만 불려줄 뿐이다.

현직 프레젠테이션 마스터가 말한다!

'킥 오프 미팅' 하기 좋은 장소와 코스

"왜 우리 회사(제품)인가?"에 대한 답을 찾는 과정은 기존 회의와 달라야 한다. 자료나 서류를 뒤적인다고 나오는 것도 아니고 고압적인 자세로 "우리 회사의 강점이 뭐야? 다들 하나씩 말해 봐!"라며 윽박지른다고 될 것도 아니다. 서로에게 솔직해야 하고 특히 스스로에게 솔직해야 하는 시간인 만큼 회의 분위기는 자유로워야 한다. 그리고 무엇보다 신선해야 한다. 즉, 회의에 참석하는 구성원들의 몸과 마음이 리프레시 되어 있어야 한다. 그러려면 회의실을 벗어나야 한다. 기존과는 전혀 다른 장소와 분위기에서 회의를 하는 것이다.

참고로 내가 직접 클라이언트들과 함께 항상 킥 오프 미팅Kick-off meeting을 떠나는 장소와 코스를 소개하고자 한다.

승리의 땅, 춘천

나는 춘천을 '승리의 땅'이라 부른다. 여기서 회의를 하면 승률이 좋기 때문이다. 춘천을 선호하는 이유는 그리 멀지도 그렇다고 아주 가깝지도 않은 –서울 기준으로– 당일 코스로 콧바람 넣고 오기 알맞은 거리이기도 하거니와, 개인적으로 춘천이란 도시를 좋아한다. 그러고 보니 대부분의 클라이언트들도 춘천을 좋아했다. 대학시절 추억이 떠오른다나 뭐라나.

1차 : 닭갈비

오전 10시에 출발하면 점심시간 즈음에 춘천에 도착한다. 춘천하면 닭갈비를 빼놓을 수 없는데 야채와 닭을 철판 위에 볶아 먹는 전형적인 닭갈비 대신, 미식가들 사이에서 소문이 자자한 소양강댐 근처에 식당들을 추천한다. 맛집을 소개하는 책이 아니기 때문에 맛에 대한 평가는 좌우지간 '엄청나게 맛있다.' 정도로만 해두겠다. 소개하는 두 식당은 자동차로 이동 시 서로 5분 거리에 위치해 있으니 어디를 가든 상관없다.

평일 대낮, 춘천에서 구수한 닭갈비와 함께 막걸리 한 사발씩 들이킨다는 것 자체만으로 이미 반은 리프레시 된 것이다.

※쌈쌈맥반석숯불닭갈비

주소 : 춘천시 지내리 2-18 / 전화 : 033-241-1797

※샘밭숯불닭갈비

주소 : 춘천시 신북읍 천전리 118-14 / 전화 : 033-243-1712

2차 : 구봉산 전망대

본격적인 회의를 위해 식당에서 차로 10분 정도 거리에 위치해 있는 구봉산 전망대로 이동한다. 춘천 시내가 한눈에 내려다보이는 이곳에 '산토리니'라는 레스토랑이 있는데 넓은 인조 잔디 광장으로 유명한 곳이다. 2층에 간단한 케이터링과 함께 편안히 회의를 진행할 수 있는 방이 여럿 있다. 탁 트인 잔디밭과 춘천 시내가 내려다보이는 뷰가 아주 일품이다.

2015년 '재규어 랜드로버 동대문 지역 신규딜러사업자 선정' 경쟁 프레젠테이션을 준비하기 위한 미팅도 여기서 진행했었다. 출시 예정이던 JAGUAR XE 모델의 프로모션 방안으로, 여성 오너를 위한 프로그램을 만들고 실제 여성 오너를 만나 인터뷰 영상을 제작하자는 아이디어가 바로 이곳에서 탄생했다. 참고로 클라이언트였던 선진모터스의 본사는 장안동 중고차 매매단지 옆에 위치해 있었는데 주변에 공업사들이 모여 있어 분위기도 음산하고 미팅룸은 좁고 채광이 나빠 도저히 크리에이티브한 발상이 나올 수 없는 곳이었다. 장담하건데 이곳에서 회의를 했다면 주옥같은 아이디어들이 절대 나올 수 없었을 것이다.

지배인에게 비즈니스 미팅을 한다고 하면 인원에 맞춰 완벽하게 준비를 해놓으니 따로 신경 쓸 필요도 없다.

※산토리니

주소 : 춘천시 동면 장학리 144-16 / 전화 : 033-242-3010

물론 굳이 춘천까지 가서 회의를 하냐는 사람도 있다. 하지만 일단 오면 다들 하는 소리는 똑같다. "오길 정말 잘했네요."

그리고 안타까운 기사 한 토막. 2016년 7월 11일자 〈한국경제신문〉에 나로 하여금 '정말이지 우리나라 기업인들의 수준이 이것 밖에 안 되는 것인가.'라는 안타까움과 실소를 동시에 자아낸 기사가 실렸다. 기사 내용은 이렇다.

모 기업 부서장이 "열린 회의를 하겠다."며 매달 마지막 주 회의는 사무실 밖에서 열겠다고 했다. 그리고 정기적인 이색 회의를 위한 준비는 부서의 막내 몫이었는데, 등산을 한 뒤 밥을 먹으면서 회의를 하거나 한강에 가서 돗자리를 깔고 의견을 나누는 등 처음 몇 번은 할 만했다. 하지만 이것도 반복되다 보니 "이번에는 또 어디서 회의를 해야 하나."라는 아이디어의 고갈로 이어졌고 결국 또 하나의 업무 스트레스가 되어버렸다.

'색다른 시도'라는 것은 어쩌다 한 번 예기치 않은 시간과 장소에서 이루어질 때 빛을 발하는 것이지, 혁신이라는 명목으로 정례화 돼버리면 리프레시가 아니라 또 하나의 일상일 뿐이라는 사실을 왜 모를까. 정말 안타깝다.

03

사람 살리는 골든타임, 발표 죽이는 킬링 타임

역지사지, 당신이 심사위원이라면?

청중을 파악하라는 이야기는 하지 않겠다. 당연한 말이고 너무 많이 하는 말이니까. 대신 심사위원들의 심기에 대해 말해보고자 한다. 그들의 심기를 건드려서도 안 되지만 무관심해서도 안 된다. 그들의 상태를 알아야 한다. 적어도 나 혼자 떠드는 프레젠터가 아니라면 청중의 심리 상태 정도는 알고 있어야 한다는 뜻이다. 그렇다고 대단한 걸 하자는 건 아니다. 단순한 산수 계산과 역지사지라는 사자성어만 기억하면 된다.

산수 계산을 먼저 해보자. 다섯 개 회사가 경쟁 프레젠테이션에 참여했다. 한 회사당 질의응답 시간을 포함하여 20분씩 발표를 한다. 그러면 심사위원들이 앉은 자리에서 들어야 하는 발표시간은 총 100분이다. 무려 1시간 40분 동안 프레젠테이션만 주구장창 들어야 한다. 물론 쉬는 시간이야 있겠지만 집중력을 풀가동해야 한다고 봐야 한다.

다음은 역지사지. 당신이 심사위원이다. 심사위원 위촉 전화를 받고 발표장에 도착하니 발주처에서 자료를 나눠주며 금일 경쟁 프레젠테이션의 주제와 참가 업체들에 대한 브리핑을 하기 시작한다. 하지만 모두 처음 듣는 내용이고 참가하는 회사들의 이름도 전부 생소하다. 차분히 내용을 좀 읽어볼까 했더니 점심 먹고 바로 프레젠테이션을 시작한다고 한다.

"이때 심사위원으로서 당신의 의욕은 어느 정도인가?"

첫 번째 회사가 발표를 시작한다. 당신의 집중력은 최고조에 올라와 있다. 하지만 어느새 당신의 시선은 사전에 배포된 인쇄물로 향한다. 발표 내용과 인쇄물의 차이가 없기 때문이다. 그렇게 첫 번째 발표가 끝나고 두 번째 회사가 발표를 시작한다. 뭔가 다를까 하고 기대를 해보았으나 첫 번째 회사와 별반 다른 점이 없다. 다시 당신의 시선은 인쇄물로 향한다. 잠깐 휴식 시간을 갖고 세 번째 회사가 발표를 시작한다. 이제 당신은 특이점도 없고 차별점도 없으며 슬라이드 스타일마저 비슷한 회사들의 발표에 실망하기 시작한다. 간혹 혹할 만한 내용을 말하는 회사도 있지만 그게 몇 번째 회사였는지 헷갈린다.

판에 박힌 내용과 개성도 없고 승부처도 없는 안전제일주의 프레젠테이션이 심사위원들을 이렇게 만든 것이다. 많은 사람들은 처음부터 끝까지 논리 정연하게 합당한 자료와 근거를 조목조목 고해 바쳐야만 청중과 심사위원들이 들어줄 거라 착각한다. 그러나 프레젠테이션은 학술 세미나가 아니다. 처음부터 끝까지 당신의 논리 정연한 이야기를 계속 쫓아가며 고도의 집중력을 발휘해서 듣는 청중은 없다. 프레젠테이션 시간이 왜 짧은지 생각해보라. 발주처에서 당신에게 미리 자세한 설명이 나와 있는 제안서를 왜 별도로 요구했는지 생각해보라. 청중은 '1+1=2'가 아니라 10이나 100이 될 수 있다는 이야기를 듣길 원한다. 일단 놀라운 10과 100을 보여주고 나서 어떻게 그게 가능한지 그리고 왜 그렇게 해야만 하는지 설명해도 늦지 않다.

니가 죽거나 내가 죽거나

골든타임이라는 의학 용어가 있다. 증상이 처음 나타난 시점부터 치료가 효과를 거둘 수 있을 때까지의 시간을 의미한다. 뇌졸중이나 심근경색 같은 응급환자의 경우 골든타임 안에 응급실에 도착하느냐 못하느냐에 따라 생사가 결정된다. 그 때문에 아무리 뛰어난 의료진과 장비가 응급실에 포진해 있어도 골든타임을 놓치면 모두 무용지물이다.

프레젠테이션도 마찬가지다. 아무리 뛰어난 논리와 자료로 무장한다고 해도 초반에 청중의 집중력과 관심을 공략하지 못하면 아무 소용없게 된다. 프레젠테이션이 어렵다고 하는 사람들, 프레젠테이션을 정말 어렵게 만드는 사람들의 공통점이 바로 프레젠테이션 전체를 골든타임으로 만들려고 한다는 것이다. 앞의 사례에서 보았듯이 청중, 특히 심사위원은 당신의 발표를 처음부터 끝까지 집중해서 들어줄 수도 없거니와 그럴 의무도 없다.

그렇다면 프레젠테이션의 골든타임은 '언제'일까? '어떻게' 확보할 수 있을까? 정답은 앞서 언급한 프레젠테이션 기획의 정의 안에 있다.

"핵심과 결론을 제일 먼저 보여주는 것."

그렇다. 프레젠테이션의 골든타임은 바로 초반이다. 빠르면 30초, 늦어도 1분 안에 승부를 봐야 한다. 에피타이저고 샐러드고 필요 없다. 테이블에 앉자마자 메인 디쉬를 고객의 입에 떠먹여줘야 한다. 어차피 기억도 못하는 목차, 의미 없는 콘셉트, 개요, 기획의도, 회사 소개 같은 잡스러운 내용을 주절거리는 동안 골든타임은 속절없이 흘러가버린다. 청중에게 당신들이 기억해야 할 핵심이 무엇인지, 우리가 말하고자 하는 결론이 무엇인지 단박에 알아볼 수 있도록 해야 한다. 그리고 단박에 알아볼 수 있게 할 그 메시지가 바로 킬링 메시지다. 내가 프레젠테이션의 골든타임을 '킬링 타임'이라고 부르는 이유다. 단지 킬링 메시지를 이용하기 때문만은 아니다. 킬링 타임 안에 어떤 승부를 내느냐에 따라 도장을 찍느냐 마느냐, 계약을 하느냐 마느냐가 달려 있기 때문이다. 우리가 죽던가, 경쟁사가 죽던가 둘 중 하나다.

킬링 메시지를 활용한 킬링 타임의 사례가 하나 있다. 프롤로그에서 언급했던 천일오토모빌과 재규어 랜드로버 수원 지역 신규딜러사업자 선정 경쟁 프레젠테이션을 준비하면서 제일 먼저 킬링 메시지를 고민했다. 다른 지역 전시장을 압도할 만한 규모와 시설을 강조하기에는 '최대 규모'니 '최고의 시설'이니 하는 판에 박힌 수식어로는 부족할뿐더러 내 자존심도 허락하지 않았다. 무엇보다 청중(재규어 랜드로버 코리아 임원진)의 성에 차지 않을 것이 분명했다. 더구나 앞서 발표한 경쟁사가 쓸데없는 소리만 늘어놓는 바람에 현장 분위기가 좋지 않았다는 소문을 들은 터라 강력한 킬링 메시지에 대한 갈증은 어느 때보다 강했다. 그들이 한 번도 듣지 못한 표현이어야 했고 무엇보다 뒤에 나오는 내용을 궁금하게 만들어야 했다.

핵심은 "수도권에서 가장 크고, 가장 멋진 그리고 가장 많은 정비시설을 보유한 재규어 랜드로버 전시장을 만들겠습니다."라는 이 길고도 뻔한 말을 어떻게 임팩트 있게 전달하느냐 하는 것이었다. 고농축 우라늄도 울고 갈 정도의 수사적 압축이 필요했다. 그렇게 고민을 거듭한 끝에 탄생한 킬링 메시지가 바로 '럭셔리 터미널Luxury Terminal'이다. 천일오토모빌의 모母 회사가 경남 지역에 두 개의 버스터미널을 운영하고 있는 천일여객이라는 점이 결정적 단초가 되었다. 재규어 랜드로버의 브랜드 이미지인 '럭셔리'와 전시, 판매, 정비는 물론 고객들을 위한 별도의 라운지와 각종 행사를 열 수 있는 아트리움까지 겸비한 대규모 복합 전시장의 위용을 '터미널'이라는 단어로 표현함으로써 듣는 순간 규모와 시설을 가늠하게 하자는 전략이었다. 기껏해야 '쇼룸showroom'이라는 단어밖에는 들어보지 못했을 수입차 업계 사람들에게 터미널이라는 단어는 분명 신선하게 다가왔을 것이고 "도대체 럭셔리한 터미널은 뭐고 그걸 또 어떻게 만들겠다는 거야?"라는 궁금증과 호기심을 불러일으키기에 충분했다. 그리고 이 모든 과정이 단 6장의 슬라이드로 1분 안에 전달되었다.

가장 맛있는 반찬을 먼저 내놔라

"하고 싶은 말이 아니라, 청중이 듣고 싶은 말을 하라."

한 번쯤 들어본 말일 것이다. 말의 의도는 잘 알겠으나 저러한 단정적인 표현들 때문에 프레젠테이션은 더 복잡해진다. 프레젠테이션은 청중을 신경 쓰기 시작하면, 청중을 기준으로 삼기 시작하면 한도 끝도 없다. "사람들은 보여주기 전까지 자신들이 뭘 원하는지 모른다."라는 스티브 잡스의 말을 되새겨볼 필요가 있다.

보통 청중을 고려하지 않은 채 자기가 하고 싶은 말만 하는 게 문제라고 생각하는데 사실 그건 문제가 아니다. 아니 그럼, 그 중요한 시간에 더구나 길어야 10분 남짓한 짧은 시간에 내가 하고 싶은 말을 안 하면 도대체 무슨 말을 한단 말인가? 문제는 하고 싶은 말만 하는 것이 아니라 하고 싶은 말을 너무 늦게, 너무 뻔하게 하니까 문제인 것이다. 발표자가 뻔한 소리만 하고 있으니 듣는 입장에서는 "저 사람이 자기 하고 싶은 말만 하고 있다."고 느끼는 것이다. 그렇기 때문에 "하고 싶은 말이 아니라 청중이 듣고 싶은 말을 하라."는 말은 "하고 싶은 말을 마음껏 하라. 그 대신 청중이 듣고 싶게끔 말하라."로 바뀌어야 한다. 이게 정답이다.

이 세상에 시간을 넉넉히 주는 프레젠테이션은 없다. 그래서 모든 프레젠터들은 항상 시간이 부족하다고 말한다. 하지만 그건 그쪽 사정이다. 듣는 입장에서는 길고 지루한 인고의 시간일 뿐이다.

청중의 시선을 붙잡아두고 싶은가? 당신의 다음 멘트와 다음 슬라이드를 궁금하게 만들고 싶은가? 그렇다면 당신이 가지고 있는 본질 중에 가장 좋은 것을 가장 먼저, 빨리 보여줘라. 그럼 청중의 관심을 붙잡을 수 있다. 물론 얼마나 훌륭한 본질을 준비하느냐는 전적으로 당신(당신의 회사)의 능력이다.

04

'좋다' '안 좋다' 결국, 둘 중 하나다

말장난하는 것을 정말 싫어한다. 자살을 뒤집으면 '살자'가 된다느니 하는 소리들 말이다. 그런 감성적인 말장난으로 청중을 희롱하는 것도 기가 차지만, 그런 말에 고개를 끄덕이는 청중들이 여전히 많다는 사실이 나를 혼란스럽게 만든다. 때로는 저런 얄팍한 말장난에 박수치고 감동하고 심지어 눈물까지 흘리는 사람들을 보면서 "역시 인간이란 동물은 그런 것이구나."라는 생각에 안도하기도 한다. "프레젠테이션은 설득이 아니다."라는 내 신념에 더 없는 확신을 주는 증거들이기 때문이다.

만약 진짜 설득의 기술이라는 것이 존재한다면 그건 아마도 이성적인 인간이 감성적인 인간의 발목에 설치한 부비 트랩booby trap일지도 모르겠다.

연애하듯이 프레젠테이션하라

초창기 시절, "프레젠테이션은 유혹이다."라는 소신으로 '신조선 유혹공작단'이라는 브랜드를 만들어 명함을 파고 다녔다. 청중을 유혹해야 한다는 유치한 발상이었다. 하지만 프레젠테이션을 하면 할수록, 그리고 경험을 통해 배우면 배울수록 어느새 마음 한 구석에 "이거 뭐야, 연애랑 프레젠테이션이랑 완전히 똑같잖아." 라는 생각이 들기 시작했다. 그렇지만 강의나 글을 통해 이러한 사실을 강력하게 주장한 것은 아니다. "연애하듯 프레젠테이션 하라."와 같은 말장난은 하고 싶지 않았고, 기발한 시스템이나 법칙이 있을 것이라 기대하는 청중들 앞에서 연애를 운운하는 것도 웃긴 일이니까.

그러던 어느 날 후배로부터 재미있는 이야기를 들었다. 'proposal'과 'propose'의 뜻이 같다는 것이었다. 사전을 찾아보니 과연 그랬다. 두 단어 모두 '청혼, 프러포즈'라는 의미를 내포하고 있었다. 'proposal'은 'propose'의 명사형으로 모두 한 단어인 셈이었다. 이 작은 발견은 "프레젠테이션과 연애는 똑같다." 라는 막연한 생각에 확신을 주었고, "프레젠테이션은 프러포즈다."라는 말을 사람들에게 자신 있게 할 수 있는 결정적인 계기가 되었다.

프러포즈의 과정을 보면 단순하기 그지없다. 사실 과정이라고 할 것도 없다. 남자는 무릎을 꿇고 준비한 반지를 보여준다.

"저와 결혼해주시겠습니까?"

이 한마디면 된다. 여자 역시 마찬가지다. 이것저것 생각하고 고민할 필요 없이 바로 그 자리에서 결정만 하면 된다. 받아들일지 말지. 그 찰나의 순간에 남자의 통장 잔고와 건강 상태, 미래 시댁 식구들의 성격까지 고려하여 프러포즈를 받아들이는 여자는 없다. 그저 그 순간의 느낌과 분위기만으로 결정하는 것이다. 설사 잘못된 선택이었다 하더라도 전혀 문제될 건 없다. 법적인 구속력이 없기 때문이다. 프러포즈를 받아들였다고 해서 반드시 그 남자와 결혼하라는 법은 없다. 실제 결혼에 이르기 전에 점검하고 검토할 사항은 일단 프러포즈를 받은 후에 천천히 그리고 신중히 따져보면 된다.

경쟁 프레젠테이션도 나만 잘하면 '장땡'이다

흔히, '경쟁사 분석'이라는 말을 쓰는데 경쟁사 분석이라는 것이 실제로 존재하는 것인가? 경쟁사 '파악'이나 경쟁사 '조사' 정도라면 충분히 할 수 있지만 분석이라니, 도대체 경쟁사 분석을 어떻게 한단 말인가? 이건 분명 거품이다. 경쟁사 분석은 전혀 할 필요가 없다. 조사 정도에 불과한, 최소한의 노력만 하면 누구나 충분히 얻을 수 있는 정보를 가지고 '분석'했다고 표현하는 것은 심각하고 어려운 용어를 써가며 프레젠테이션을 무겁게 만드는 것에 불과하다.

사실 경쟁 프레젠테이션을 준비하면서 경쟁사를 신경 쓸 필요가 전혀 없다. 이유는 간단하다. 심사위원들은 경쟁사와 우리 회사를 비교, 분석하지 않기 때문이다.

허세를 조금 보태자면, 이는 경쟁 프레젠테이션에 있어 혁명과도 같은 발견이다. 경영이나 커뮤니케이션을 다루는 비즈니스 스쿨의 커리큘럼 일부를 통째로 들어낼 만한 발견이다. 이는 경쟁 프레젠테이션의 '태풍의 눈' 속으로 빨려 들어가 몇 번만 내동댕이쳐지면 단번에 알 수 있는 사실이기도 하다.

경쟁 프레젠테이션에서 만약 당신의 회사가 1등을 했다면 그건 다른 경쟁사보다 더 좋아서 1등을 한 게 아니다. 그냥 당신네 회사가 '좋아서' 뽑힌 것이다. 반대로 당신네 회사가 경쟁사보다 뭔가 부족해서 떨어졌다고 생각하지도 마라. 물론 이러한 나의 극단적인 주장에 반기를 드는 사람도 있을 테지만, 이것은 내가 12년 동안 실전 프레젠테이션 바닥을 뒹굴며 직접 보고, 듣고, 느끼고, 깨달은 사실이다. 의심의 눈초리를 거두지 못하는 독자들도 단 한 번이라도 제대로 된 실전 비즈니스 프레젠테이션의 진흙탕에서 뒹굴고 나면 온몸에 뒤집어 쓴 흙먼지를 털어내며 분명 이렇게 중얼거릴 것이다.

"젠장, 결국 이런 것이었다니."

심사위원들은 절대 비교나 분석을 하지 않는다. 그냥 "좋다." "안 좋다." 그 두 가지 기준만 있을 뿐이다. 더 좋아서 뽑는 것이 아니라 그냥 좋으면 뽑는 것이다. 때문에 경쟁 프레젠테이션은 절대로, '절대 평가'다.

심사하는 사람 따로
계약하는 사람 따로

여전히 독자들은 혼란스러울 것이다. 정말 그렇단 말인가? 진짜로 그 똑똑한 사람들이, 배웠다는 사람들이, 클라이언트라는 사람들이, 심사위원이라는 사람들이 단지 좋다는 이유로 결정한단 말인가? 그렇다. 정말 그렇다.

이쯤에서 심사위원이라는 집단의 특성에 대해 짚고 넘어갈 필요가 있다. 평소에는 순하기 그지없던, 심지어 별 볼일 없던 사람도 심사위원석에 앉는 순간 몸을 뒤로 젖히고 팔짱을 낀 채, 로마시대 집정관 같은 표정을 짓고 있는 웃긴 모습을 너무나 많이 봐왔다. 자리가 사람을 만드는 것이다. 자기 앞에서 발표하는 프레젠터들은 그저 자신의 준엄한 판결을 기다리는 나약한 백성들일 뿐이다. 그렇다고 심사위원이라는 자리가 무슨 큰 사명이나 막중한 책임감을 동반하는 자리도 아니다. 그저 발주처가 가지고 있는 수백 명의 심사위원 후보군들을 대상으로 전날 밤이나 당일 아침에 무작위로 전화를 돌려 시간 되고 용돈이나 좀 벌어보겠다는 사람들을 모셔올 뿐이다. 그러한 마인드와 자세를 가진 사람들이 우리 회사와 다른 회사의 장·단점과 기능 그리고 경제성까지 모두 고려하여 신중한 한 표를 던질 것이라고 기대하는 건 순진하다 못해 무식한 거다. 그렇다고 그런 심사위원들을 욕할 필요는 없다. 나라도 그렇게 심사하진 않을 테니까. 물론 당신도 마찬가지일 것이다.

여전히 의심스러운가? 정말 대부분의 경쟁 프레젠테이션이 그저 "좋다."라는 느낌만으로 결정된다면, 어떻게 경제가 돌아가고 사회가 돌아가며 회사가 돌아간단 말인가?

앞서 언급한 "가슴이 싸지른 똥을 머리로 치우는 게 인간이다."라는 말을 기억할 것이다. 그렇다. 심사위원들이 싸지른 똥을 깨끗이 치울 수 있는 '우선협상대상자'라는 안전장치가 버티고 있기 때문에 이 모든 게 가능해진다. 경쟁 입찰 경험이 많은 독자들은 알 것이다. 경쟁 프레젠테이션에서 승리했다고 다가 아니라는 것을. 더 험난한 '고난의 행군'이 기다리고 있다는 것을.

경쟁 프레젠테이션에서 1등을 했다는 것은 계약서에 도장을 찍는다는 의미가 아니다. 제일 먼저 협상 테이블에 앉을 수 있는 번호표를 받은 것에 불과하다. 물론 우선협상대상자로 선정되면 큰 이변이 일어나지 않는 한 대부분 최종 계약이 이루어지지만 그 과정이 결코 만만치 않다. 왜냐하면, 앞서 말한 대로 심사위원들이 싸지른 똥을 발주처 실무자들이 치우기 때문이다.

예를 들어 우리 회사의 제안(제품)이 비교적 높은 가격임에도 불구하고 1등을 했다고 해서 그 가격이 적당했다거나 그 가격대로 계약이 이루어질 것이라는 기대를 하는 순진한 입찰자는 없을 것이다. 특히 외부 심사위원들이 심사를 했을 경우, 그들은 가격이 높든 말든 신경을 쓰지 않기 때문에 가격과 상관없이 점수를 줬을 것이고 실제 그 가격(예산)을 지불해야 하는 실무자들은 당연히 가격을 낮추려 할 것이다. 어디 가격뿐이겠는가. 디자인이나 설계도 마찬가지다. 세세한 것 하나하나 원점부터 다시 검토한다. 한마디로 프레젠테이션에서 발표한 내용대로 계약이 이루어지지 않는다는 뜻이다.

실제로 내가 프레젠테이션 마스터로 참여했던 '제주국제학교 가구납품 경쟁 입찰'에서도 실제 납품한 가구와 견적은 프레젠테이션 때 제시했던 것과 많이 달랐다. 당시 심사위원들은 대학 교수들과 관계 기관 임원들이었는데, 제삼자가 마음대로 선정한 결과를 실제 그 가구를 사용함은 물론 비용까지 지불해야 하는 학교 관계자들(실무진들)이 그대로 받아들였을 리 만무하다.

그러니 심사위원들이 고도의 집중력과 판단력을 동원하여 심사할 것이라는 생각은 애초에 버리자. 물론 세상에는 별의별 사람이 다 있게 마련이니 분명 마치 내 일처럼, 우리 회사 일처럼 열과 성의를 다해 최대한 객관적이고 이성적으로 심사를 하는 사람도 있을 것이다. 하지만 그런 사람이 과연 얼마나 될까.

경쟁 프레젠테이션을 준비하고 있는가? 본질에 대한 확신이 있는가? 그렇다면 있지도 않은 경쟁사라는 허상은 집어치우고 내 프레젠테이션, 내 본질에만 집중하자. 내 할 일만 제대로 하자. 애초에 경쟁사 같은 건 없었다.

05

프로에게 배워라. 프로가 되고 싶다면

소위 명의라 불리는 의사는 "내가 치료하면 무조건 낫는다."거나 "이렇게만 하면 암을 고칠 수 있다."라고 말하지 않는다. 성공한 기업가 중에 "나는 사업을 통달했다. 나는 비즈니스의 모든 걸 알고 있다."라고 말하는 사람 또한 없다. 어느 분야든 그 일을 제대로 하고 있는 사람, 그 일을 실제로 하고 있는 사람, 그 일을 평생의 업으로 생각하는 사람은 "안다."는 말을 함부로 입 밖에 내지 않는다. 얼마나 어려운지 알기 때문이다. 하면 할수록 길이 보이고 쉬워야 하는데 오히려 더 어렵고 매번 새로운 도전에 직면하게 된다. 무슨 일이든 정답이란 없음을 깨닫는 순간, 사람은 겸손해진다. 프로야구 선수들이 "이제 겨우 야구가 뭔지 알 것 같은데 벌써 은퇴를 하게 됐다."라고 하는 걸 보면 알 수 있다.

'구라쟁이들' 말에 휘둘리지 마라

그런 의미에서 기존의 강사들에 대해 지적하지 않을 수 없다. 대부분의 프레젠테이션 강사들은 스피치 학원 소속인 경우가 많다. 프레젠테이션을 스피치, 즉 발표 분야에만 한정한다는 것도 문제지만 더 큰 문제는 소속 강사들의 자질이다. 자격이라고 해야 더 정확하겠다. 인터넷에 검색되는 스피치 학원들 중에 무작위로 선택하여 홈페이지에 나와 있는 강사진 소개란을 클릭해보라. 대부분이 아나운서나 리포터 출신이다. 물론 방송국 출신도 있지만 구청 출신 아나운서도 있다. 이들이 커뮤니케이션이나 스피치 강사라는 타이틀을 다는 것에는 이의를 제기할 여지가 없다. 충분히 어울리는 경력과 타이틀이다.

문제는 이들이 '프레젠테이션 강사'라는 타이틀을 달았을 때 생긴다. 과연 이들 중에 실전 프레젠테이션 경력이 있는 사람이 얼마나 될까. 슬라이드 1장 때문에 몇 날 며칠을 고민하고 괴로워해본 적이 있을까. 기획회의는? 아니, 프레젠테이션 기획이라는 게 뭔지 알기나 할까. 경쟁 프레젠테이션을 앞두고 걱정과 불안을 넘어 공포에 가까운 두려움 때문에 영혼까지 털려버린 클라이언트의 표정을 본 적은 있을까. 그들에게 프레젠테이션 강사라는 타이틀이 오류인 이유는 나열하자면 끝도 없다.

프리랜서 강사들은 더 가관이다. 행사 MC를 보는 사람이 대학을 돌아다니며 학생들에게 프레젠테이션을 강의하는가 하면 심지어 웃음치료사 자격증까지 있는 사람도 있다. 행사 MC와 웃음치료사가 문제가 아니라 이것저것 잡다하게 다하는 사람이 단지 대중 앞에서 마이크를 잡는다는 이유로 프레젠테이션을 가르친다는 게 문제인 것이다. 하긴 '프레젠테이션 강사 양성 과정'이니 '프레젠터 자격증'이니 하는 프로그램들이 버젓이 운영되고 있을 정도니 더 말해서 뭐 하겠는가.

제대로 하려면 선수에게 들어라

초운 김승호 선생의 《사람이 운명이다》 중 한 부분이다.

"서울 한 번 가본 사람이 열 번 가본 사람을 이긴다라는 말이 있다. 조금 아는 사람이 많이 아는 사람을 가르치려는 행태를 묘사한 말이다. 조금 아는 사람은 그것을 남에게 내보이려고 온갖 꼴값을 다한다. 이런 사람들이 많아지면 사회가 아주 불편해지고 불쾌해진다."

맞는 말이다. 어설프게 프레젠테이션을 경험한 사람이 프레젠테이션 강사가 되어 설치고 다니면 듣는 사람들만 혼란스러워진다. 몇 번의 실패 끝에 창업에 성공한 아니, 성공을 향해 달려가고 있는 젊은 사업가의 강의를 들은 적이 있는데 정말 공감이 되었던 말이 있다.

"그 일에 대해 알고 싶으면 그 일을 하고 있는 사람에게 물어봐야 한다."

그렇다. 창업을 하고 싶으면 창업을 전문적으로 가르치는 사람이 아니라 실제 창업을 했던 사람에게 배워야 한다. 대기업에 입사하고 싶으면 대기업에 입사하는 법을 가르치는 사람이 아니라 실제 대기업에 입사해서 다니고 있는 사람에게, 그것도 가장 최근에 입사한 사람에게 배워야 한다. 좀 더 극단적인 예로, '직장 내 성희롱 예방 교육'을 받는다면 실제로 성희롱을 해봤거나 당해본 사람에게 배워야 한다.

프레젠테이션도 마찬가지다. 프레젠테이션을 배우고 싶으면 실제 프레젠테이션을 하고 있는 사람에게 배워야 한다. 필드를 뛰고 있는 현역에게 배워야 한다는 뜻이다.

나에게 대학원 진학을 진지하게 권유했던 지인이 몇 명 있다. 석사라도 따놓으면 훨씬 더 많은 기회를 얻을 수 있지 않느냐는 것이었다. 틀린 말은 아니지만 다행히도 나는 대학원에 돈과 시간을 쏟아부을 필요가 없다. 이미 실력과 실적으로 인정받고 있으니 석사 간판은 필요 없다.

그런 내가 굳이 대학원에 진학한다면 진정으로 배움에 뜻이 있어 간다는 소린데 문제는 우리나라 교수들 중에 나에게 프레젠테이션을 가르칠 만한 사람이 없다는 것이다. 내가 더 이상 배울 게 없고 잘나서가 아니다. 나 역시 프레젠테이션을 더 잘하고 싶고 더 많이 배우고 싶다. 하지만 나에게 프레젠테이션을 가르칠 능력을 가진 사람들은 열심히 필드에서 뒹굴고 있는 사람들, 즉 업자들뿐이다. 나보다 더 많은 경험을 하고 더 많은 슬라이드를 만들고 훨씬 더 많은 시간 동안 승리와 패배 속에서 단련된 사람들이지 세미나나 포럼장 소파에 다리를 꼬고 앉아 이론이나 읊조리는 사람들이 아니다. 그리고 아직은 우리나라 프레젠테이션 역사가 대학원에서 학생들을 가르칠 정도의 대가를 배출할 만큼 길지도 않다.

약장수로부터 시간과 돈을 지켜라

하지만 진짜 프레젠테이션을 배울 수 있는 기회는 생각만큼 많지 않다. 워낙 많은 아마추어들이 설쳐대니 많아 보일 뿐이다.

그럼에도 불구하고 배워야 한다면 반드시 프로에게 배워야 한다. 프로라고 해서 수준이 높고 실력이 뛰어난 사람을 말하는 것이 아니다. 그 일을 해왔고 현재 하고 있으며 앞으로도 할 사람, 즉 그 일에 인생을 걸고 있는 사람을 말하는 것이다. 만약 프로와 아마추어의 차이를 고상하게 느껴보고 싶다면 연세대학교 김상근 교수가 쓴 《마키아벨리 : 세상에서 가장 위험한 현자》를 꼭 읽어보기 바란다. 몇 장만 넘겨봐도 내용의 깊이와 작가의 내공을 온몸으로 느낄 수 있는데 이는 그가 필력이 뛰어나거나 세계적인 석학이어서가 아니다. 저자 자신이 직접 운전대를 잡고 유럽 전역을 수천 킬로 달려 직접 취재한 내용을 바탕으로 저술했기 때문이다.

프로인 척하는 아마추어들을 경계하자. 필드는 뛰지 않고 그저 교육을 위한 교육, 강의를 위한 강의만 양산해내는 약장수들로부터 소중한 시간과 돈을 지켜야 한다. 프로를 만나라. 프로에게 배워라. 프로가 되고 싶다면.

현직 프레젠테이션 마스터가 말한다!

대표적인 프레젠테이션 교육 기관

다시 한 번 말하지만 프레젠테이션은 프레젠테이션을 하고 있는 사람에게 배워야 한다. 프레젠테이션 제작과 컨설팅 그리고 교육을 병행하는 회사 세 곳을 소개한다.

파워피티 www.powerpt.co.kr

대한민국 1세대 프레젠테이션 업체다. 역사나 규모로 볼 때 국내 톱 클래스라고 할 수 있다. 매년 국내 최대 규모의 프레젠테이션 콘퍼런스를 주최하고 있으며 '더 프레젠테이션 컨설팅'이라는 교육컨설팅 사업부를 따로 운영하고 있을 정도로 다양한 커리큘럼을 보유하고 있다.

물론 '프레젠테이션 강사 양성 과정'이라는 납득할 수 없는 프로그램도 운영하고 있기는 하지만, 그 명성을 무시할 수는 없다.

쉬플리코리아 www.shipleywins.co.kr

1972년에 설립된 세계적인 제안 컨설팅 그룹 쉬플리Shipley의 한국지사인 쉬플리코리아Shipley korea는 프레젠테이션뿐만 아니라 입찰 제안서 분야에 있어 놀라운 실적을 거두고 있는 회사다. 국내에 있는 제안 관련 컨설팅 회사 중에 가장 독보적이지 않을까 한다.

쉬플리코리아 김용기 대표의 공개 강연을 들은 적이 있다. 어설픈 경험과 주워들은 이론이 아닌 본인이 오랜 시간 직접 수많은 프로젝트를 수행하면서 깨달은 정수를 토해내는 그의 강연을 들으면서 제안이라는 분야에 대해 정말 많은 걸 깨닫고 생각하게 되었다.

회사 홈페이지를 방문하면 김용기 대표의 공개 세미나 일정이 나와 있으니 꼭 들어보기 바란다. 개인이 듣기에는 비싼 금액이지만 수십 억, 수백 억 짜리 프로젝트를 준비하고 있는 조직이라면 결코 비싼 수업료는 아닐 것이다.

위너스피티 www.winnerspt.kr

부산 지역을 기반으로 하는 프레젠테이션 제작 및 교육 업체다. 프레젠테이션 교육 사업부를 따로 두고 있을 뿐만 아니라 지역 직장인들과 학생들을 위해 '위너스 피티 데이'라는 프레젠테이션 세미나를 꾸준히 개최하고 있다.

놀라운 점은 행사를 개최할 때마다 많은 시간과 인력 그리고 적지 않은 예산이 투입됨에도 불구하고 양질의 강사진과 커리큘럼이 참가비 1만 원에 제공된다는 점이다. 대표이사와 임직원들의 프레젠테이션에 대한 열정 덕에 부산 시민들은 정말 수준 높은 프레젠테이션 교육을 제공받고 있다.

하지만 지역 기업이나 기관들이 이러한 사실을 잘 모르고 있는 것 같다. 정말 안타깝다.

06

자격증 딸 돈으로 차라리 기부를 하라

당신의 주머니를 털어갈 프레젠테이션 자격증

문희준이 락Rock 음악을 하겠다고 했을 때 네티즌의 비난과 조롱은 대단했다. 립싱크나 하던 아이돌 그룹 멤버가 갑자기 락 스피릿을 외치며 튀어나왔으니 음악 팬들이 보기에 얼마나 꼴사나웠겠는가. 그 와중에 문희준은 언론과의 인터뷰에서 희대의 명언을 남기면서 스스로 기름을 들이부었으니 바로 "락 자격증이라도 따서 실력을 입증하고 싶다."는 발언이었다. 결국 "락 자격증이라도 따고 싶지 않느냐?"는 기자의 유도 질문에 의한 낚시였음이 밝혀졌지만, 진실이 밝혀지기 전까지 문희준은 꽤 오랜 시간 네티즌의 조롱과 냉소의 대상이 되어야만 했다.

오랜 시간 사람들의 냉소와 조롱을 당했던 '락 자격증'처럼 프레젠테이션 업계에도 이와 유사한 말도 안 되는 자격증이 있으니 바로 '프레젠테이션 마스터 자격증'이다. 처음 인터넷에서 이러한 자격증이 있다는 정보를 발견하고 어이가 없던 이유는 15년이 넘는 세월 동안 파워포인트를 다루고 프레젠테이션 기획과 제작만 250여 건 넘게 해온 나조차 조심스럽게 쓰기 시작한 '마스터'라는 타이틀을 시험만 보면 딸 수 있는 시스템 때문이었다. 더구나 시험만 통과하면 대학생에게도 프레젠테이션 마스터라는 타이틀을 준다고 하니 도대체가 뭐 하는 짓인지 모르겠다.

'엑셀과 프레젠테이션이 직장인에게 필요한 최고 스펙'이라는 〈한국경제신문〉 2월 23일자 기사 제목처럼 이제는 기업에서 파워포인트나 엑셀과 같은 오피스 프로그램의 활용 능력은 물론 프레젠테이션 능력까지 요구되는 분위기니 또 얼마나 많은 장사꾼들이 대학생들의 주머니를 강탈하기 위해 프레젠테이션 자격증을 남발할지 불을 보듯 뻔하다.

나는 시험의 주관사도 아니고 시험을 본적도 없으니 시험 평가 수준과 방법에 대해서는 언급하지 않겠다. 하지만 과정이야 어떻든 '마스터'라는 타이틀은 분명히 잘못됐다는 점을 지면을 빌어 확실히 해두고 싶다. 사전상 마스터의 뜻은 다음과 같다.

master : 달인達人, 명수名手, 대가大家

그대로 직역하면 프레젠테이션 마스터는 프레젠테이션의 '달인'이요 '명수'라는 뜻이다. 그렇다면 시험을 봐서 마스터 자격증을 딴 대학생과 신입사원은 회사에 입사하자마자 프레젠테이션을 척척 해낼 수 있다는 뜻인가. 말 그대로 달인이요, 명수이니 회사의 사활이 걸린 경쟁 프레젠테이션도 이 사람에게 맡기면 걱정할 일 없을 것이다. 도대체 실전 프레젠테이션 한 번 해보지 않은 사람에게 마스터라는 타이틀이 웬 말인가. 발표 동아리에서 아무리 발표를 많이 하고, 프레젠테이션 경진 대회에서 아무리 많은 상을 쓸어 모아봤자 그냥 경험이고 추억일 뿐이다.

실전이 아니란 뜻이다. 실전은 냉정하고 잔인하다. 프레젠테이션을 준비할 넉넉한 시간도, 동료들과 심사위원의 자상한 격려와 충고도 없다. 그야말로 야생이고 야전이다. 도대체 무슨 근거와 자격으로 자격증을 준단 말인가.

자격이 아닌 능력이 당신을 구원한다

나는 프레젠테이션 마스터를 이렇게 정의한다.

"기획, 제작, 발표는 물론 현장 진행부터 연출까지 하나의 프레젠테이션을 처음부터 끝까지 컨트롤하고 책임지는 사람."

자질구레한 파워포인트 기능 몇 개 꿰차고 있다고 해서, 사람들 앞에서 떨지 않고 실실 웃어가며 능구렁이같이 발표를 잘 한다고 해서 마스터가 될 수 있는 게 아니다. 몇 달 혹은 몇 년을 고민하고 노력해서 얻어낸 자신만의 아이디어나 상품을 가지고, 엔젤 투자자들 앞에서 조금은 촌스러운 파워포인트지만, 조금은 서투른 발표지만 진심을 다해 발표하고 결과를 이끌어냈다면, 그 모든 과정을 혼자 준비하고 마무리 지었다면 그 사람이 바로 프레젠테이션 마스터인 것이다. 주관사에서 지정해준 책을 달달 외우고 실기시험 한 번 잘 쳤다고 해서 얻을 수 있는 타이틀이 아니다. 자격이 아니라 능력을 키워야 한다.

이젠 우리나라 기업들도 몇 시간짜리 단발성 교육 프로그램에 직원들을 보내놓고 말 것이 아니라 합숙과 실습을 바탕으로 하는 제대로 된 프레젠테이션 캠프를 통해 최소한의 지식과 능력을 갖춘 사내 프레젠테이션 마스터 양성에 관심을 기울여야 한다. 특히 제안이나 입찰과 관련된 조직이나 회사의 임원들이라면 반드시 프레젠테이션 캠프를 이수하도록 해야 한다.

하지만 문제는 아직도 우리나라 기업들이 프레젠테이션의 중요성은 알고 있으면서도 구체적인 계획이나 프로그램은 세우지 않는다는 것이고, 더 큰 문제는 제대로 된 시설과 커리큘럼으로 이러한 프레젠테이션 캠프를 운영할 만한 시설이나 주체가 없다는 것이다. 뜻있는 지자체나 연수원이 나오길 기대해본다.

덧붙여, 이 글을 읽는 학생들에게 당부하고 싶은 말이 있다. 프레젠테이션 자격증이 됐든 뭐가 됐든 취업에 도움이 된다는 이유로 돈을 받아내는 장사꾼들에게 절대 지갑을 열어서는 안 된다. 그런 게 있을 리가 없다. 다시 한 번 말한다. 취업에 도움이 되는 '상품'이라는 건 존재하지 않는다. 그렇게 보일 뿐이고 결과적으로 그렇게 보였을 뿐이다. 멘토니 코치니 하는 인간들의 사탕발림에 투자할 시간과 돈이 있으면 차라리 여행을 떠나라.

07

책임지는 팀장 아래 실패란 없다

킬링 메시지는 프레젠테이션을 끝까지 끌고 나가는 엔진이다. 확고한 기준이며 승리를 이루기 위한 강력한 무기다. 그렇기 때문에 일단 결정된 킬링 메시지는 절대 흔들리거나 바뀌어서는 안 된다. 하지만 그걸 지켜낸다는 게 생각만큼 쉽지는 않다. 적게는 수십 억 원에서 많게는 수천 억 원의 매출이 왔다 갔다 하는 경쟁 프레젠테이션을 준비하다 보면 불안과 걱정이 수시로 엄습하게 되고 "경쟁사는 이렇다고 하더라." 하는 소문까지 더해지면 "과연 이대로 해도 될까?" 하는 의심의 칼날이 킬링 메시지로 향하게 마련이다. 그 날카로운 칼날을 온몸으로 막아내는 사람을 우리는 '팀장'이라고 부른다. 그게 바로 팀장의 역할이다. 그리고 그러한 역할을 수행하기 위해서는 자격이 필요하다.

중요할수록 팀장이 앞장서라

부하들이 목숨 걸고 따르는 지휘관들의 공통점은 하나다. 바로 먼저 행동하고 항상 앞장서며 결과에 책임을 진다는 것이다. 팀장이란 그런 것이다. 팀장은 단순히 경력이 많거나 직급이 높은 사람이 아니다. 그 프로젝트를 가장 많이 알고 가장 많이 일하며, 성공했을 때 가장 많은 축하를 받고 실패했을 때는 가장 많은 책임을 지는 사람이 바로 팀장이다. 최선의 결과를 위해 팀원들을 독려하는 것도 팀장이고 킬링 메시지를 최종적으로 결정하는 것도 팀장이다. 슬라이드, 보고서, 제안서, 발표 장소 등 프로젝트에 관련된 모든 사항들을 끊임없이 감독하고 점검하는 것도 팀장이다. 가만히 앉아 보고만 받고 퇴근 전에 슬쩍 들여다보는 일은 책상 뺄 날만을 기다리는 임원들이나 하는 짓이다. 슬쩍 발 한쪽만 담가놓고 감 놔라 배 놔라 하는 임원들의 폐해에 대해 논하자면 책 한 권으로도 모자라지만 당사자에게 직접 말하지 않으면 아무 소용없기에 더 이상 논하지는 않겠다.

팀장이 프로젝트에 얼마나 깊이 관여하고 있으며 자신의 역할을 어떻게 설정하고 있는지는 발표자로서의 역할을 보면 금방 알 수 있다. 스티브 잡스 덕에 이제는 발표를 안 하겠다고 뒤로 빼는 임원이나 대표는 모자란 사람 취급을 받는 시대가 되었지만, 이런저런 이유로 내가 왜 발표를 하면 안 되는지 –못 한다는 말은 절대 하지 않는다.– 에 대해 구구절절 변명을 늘어놓는 모습을 보고 있노라면 측은지심 그 자체다.

물론 팀장이라고 해서 무조건 발표를 해야 하는 것은 아니다. 선천적으로 발표에 어려움을 겪는 사람은 분명히 있다. 무대공포증이 가장 대표적인 경우다. 무대공포증은 치료의 대상이지 노력과 의지로 해결될 문제가 아니다. 하지만 단순히 발표가 싫어서 혹은 연습하기 귀찮거나 그냥 앞에 나서고 싶지 않아서 등의 이유로 발표를 거부한다면 도대체 누가 발표를 한단 말인가.

당연히 발표는 팀장이 해야 한다. 팀원들이 납득할 만한 부득이한 이유가 아니라면 발표는 당연히 팀장 몫이다. "팀장님이 발표하신다."라고 생각하고 프로젝트를 준비하는 것과 "그런데, 발표는 누가 하지?" "혹시 나한테 시키는 거 아니야?" 이런 의문을 품고 준비하는 것은 팀의 결속력과 업무 집중력이라는 측면에서 엄청난 차이가 생긴다. 생각해보자. 프레젠테이션을 준비하느라 정신없는 직원에게 "자네가 발표까지 해야 하네."라고 하면 그 직원 속이 어떻겠는가? 이렇듯 팀원들이 불안하고 궁금한 사항을 빨리 정리하고 결정해주는 것도 팀장의 역할이다.

발표자 선정에 관한 이야기를 하나 더 하자면 그 프로젝트에 참가하지 않은 사람은 아무리 발표를 잘한다 하더라도 마이크를 잡아서는 안 된다. 사람들이 한 가지 오해하고 있는 점이 있는데 스티브 잡스는 '발표도 하는 회장'이 아니라 '발표까지 하는 회장' 이었다는 사실이다.

과정을 함께한 사람과 결과만 전달하는 사람은 아무리 말을 잘하고 무대 매너가 좋아도 청중에게 금방 들키게 되어 있다. 즉, 뒷짐만 지고 있다가 마이크 잡지 말란 소리다.

부하를 믿어주는 수장은 무적이 된다

"장군이 능력 있고, 왕이 그를 참견하지 않으면 승리한다."

《손자병법》에 나오는 말이다.

팀장의 역할, 나아가 리더의 역할에 대해 다시 돌아보게 해준 클라이언트가 있다. 한국전력의 전기검침 용역을 대행하는 '대상휴먼씨'라는 회사였다. 한전에서 발주하는 전기검침 용역은 경쟁입찰로 이루어지는데, 매년 입찰 물량이 나오기 때문에 전기검침 회사들은 제안서 작성을 위한 전담팀을 운영하거나 전문업체에 맡기는 등 입찰을 위한 투자를 아끼지 않는다.

나는 2012년, 2014년 그리고 2015년과 2016년 이렇게 네 차례 제안서 기획총괄 책임자로 참여했는데 특히 2015년은 대상휴

먼씨 회사 입장에서 굉장히 중요한 해였다. 입찰 성적에 회사의 존폐가 걸려 있는 상황이었다. 보통 이 정도 되면 수장은 불안과 초조를 넘어 안달이 나기 마련인데, 여기 사장님은 달관을 하신 건지 믿는 구석이라도 있으신 건지 제안서 팀 사무실에 좀체 찾아오는 법이 없으셨다. 그저 신문이나 잡지에 도움이 될 만한 기사가 있으면 참고하라며 회의 테이블 위에 무심히 툭 던져놓고 가시는 게 전부였다. 중간에 보고라도 할라 치면 "수고 많다."는 말 외엔 별 다른 말도 없으셨다. 무엇보다 신기한 건 회의 스타일에 대해 한 번도 브레이크를 걸지 않으셨다는 점이다.

앞서 밝혔듯이 나는 회의실과 사무실을 벗어난 회의를 즐겨한다. 보통 카페에서 하거나 아예 제안서 팀을 전부 데리고 교외로 나가곤 한다. 2015년도 제안서를 준비하는 4개월 동안 카페에서 회의를 한 횟수가 족히 스무 번은 넘었을 텐데 단 한 번도 결재가 떨어지지 않은 적은 없었다. "왜 멀쩡한 회의실을 놔두고 카페를 가느냐?" "뭐 하러 거기까지 가서 회의를 하느냐?" 하는 일체의 말도 없었음은 물론이다. 나중에 회식 자리에서 사장님께 여쭤보았다. 하시고 싶은 말이 많으셨을 텐데 왜 그동안 한 번도 말이 없으셨냐고. 대답은 이랬다.

"왜 하고 싶은 말이 없었겠나. 그냥 믿었을 뿐이다."

영화 대사가 따로 없었다. 그나저나 입찰 결과는 어땠을까. 더할 나위 없이 대성공이었다. 수주한 물량의 일부를 다시 내놓아야 할 정도였다.(한전은 승자 독식을 막기 위해 한 회사가 전체 물량의 40% 이상을 가져가지 못하는 규정을 두고 있다.) 나는 확신한다. 부하를 믿어주는 수장 밑에서 이뤄내지 못할 성과는 없다고.

끝으로 팀원들의 사기를 바닥까지 떨어트리는 팀장의 어록을 소개하며 이 장을 마치고자 한다.

"이번에 떨어지면 나 사표 쓸 거야."

설사 이번 프로젝트를 수주하지 못했다 하더라도 기껏해야 사표밖에 쓸 줄 모르는 나약한 팀장을 갈아치웠다는 점에서 팀원들은 위안을 삼을 것이다. 나는 이렇게 사표 운운하는 멘트를 '공갈 사표'라고 부르는데 공갈이 공갈로 끝나지 않을 수도 있다는 경험을 한 적이 있다. 글로벌 대기업과 해외공장 건설 수주와 관련된 프로젝트를 진행할 당시 팀장이던 상무가 어느 날 불쑥 회의실에 들어와서는 "이번 프로젝트 잘못되면 나 사표 쓸 거야!"라고 외마디 비명을 지르고 나간 적이 있다. 하지만 아쉽게도 결과는 좋지 않았다. 그리고 상무는 진짜 사표를 썼다. 남자라고 생각했다. 자기 말에 책임질 용기가 없으면 아예 내뱉지를 말아야 한다. 글로벌 기업의 임원은 아무나 하는 게 아니다.

"이번 계약만 따내면 내가 제대로 챙겨 줄게."

당장 힘들고 어려운데 나중에 주는 보상이 무슨 소용이겠는가. 팀원들이 당장 바라는 건 팀장의 결단과 확신으로 이 복잡하고 풀리지 않는 문제점들과 난관을 해결하는 것이다. 그리고 지하철이 끊기기 전에 퇴근하는 것이다. 일요일만이라도 쉬는 것이다.

"이런 일까지 내가 직접 해야겠어?"

이런 일뿐만이 아니라 저런 일은 물론 그런 일까지 직접 해야 한다. 팀장이 직접 하지 않았기 때문에 이런 문제가 생기는 것이고 자꾸 일이 늦어지는 것이다. 직접 보여줘라. 직접 챙겨라. 그럼 다시는 '이런 일'이 생기지 않는다.

"왜 이렇게 했냐."고 묻기만 하는 팀장을 팀원들은 절대 따르지 않는다. "이렇게 하자."고 먼저 말하고 행동해야 한다. 그런 팀장을 팀원들은 귀찮을 정도로 따를 것이다. 목숨이라도 내놓을 것이다.

무리뉴가 첼시에 부임한 첫 시즌에 소속되어 있었던
나이지리아 선수 셀레스틴 바바야로Celestine Babayaro는
"무리뉴는 선수들이 자신이 최고라고 느끼게 해준다.
그러면 정말로 최고처럼 뛰게 된다.
그는 오직 이기는 것에 대해서만 이야기한다.
지거나 비기는 것에 대해선 절대 말하지 않는다."고
당시를 회고했다.

- 《무리뉴, 그 남자의 기술》 중에서

《무리뉴, 그 남자의 기술》 | 한 준 지음 | 2013년 10월 | 브레인스토어

08 운이 3할이고 기세가 7할이다

지금까지 프레젠테이션 관련 일을 하면서 정말 많은 의뢰인들을 만났다. 그리고 그러한 경험들은 무의식속에 데이터베이스화 되어 머리와 가슴속에 차곡차곡 정리되어 쌓여왔다. 그 무엇과도 바꿀 수 없는 나만의 무형자산이다.

이러한 자산은 내게 특별한 직관을 주었는데 바로 될 놈과 안 될 놈, 즉 위너와 루저를 구분하는 능력이 바로 그것이다. 의뢰인의 사무실에 들어서는 순간부터 명함을 주고받는 순간, 그리고 프로젝트를 위한 첫 미팅에서 느껴지는 기운을 통해 본능적으로 "이번 프로젝트는 되겠다." 혹은 "이번 프로젝트는 나가리구나."와 같은 느낌이 아주 강하게 엄습하는 것이다. 그리고 그 느낌은 평균 8할의 높은 적중률을 보이고 있다.

모로 가도 강남에 터를 잡아라

그러한 느낌은 첫 전화통화에서부터 찾아온다. 우선 위너는 나에 대해 잘 알고 있다. 내가 누구고 정확히 어떤 일을 하며 어느 정도의 능력과 실적을 가지고 있는지 파악을 끝낸 상태에서 나에게 전화를 건다. 이 말은 나를 포함한 여러 명의 다른 업자들을 비교해보았다는 뜻이며, 그만큼 외부 전문가 섭외 과정에서부터 공을 들였다는 뜻이다. 중요한 프로젝트를 맡기기 위한 업자를 찾는 시간과 노력을 아끼지 않은 그들의 통화 목소리에서는 진지함을 넘어 결연함까지 느껴진다.

반대로 루저는 모든 게 가볍다. 내용도 가볍고 목소리도 가볍고 분위기도 가볍다. 나에 대해 잘 알지 못함은 물론이다. 소개를 받았다고는 하나 정확히 누구에게 소개를 받았는지도 모른다. 원활한 미팅을 위해 기본적으로 내가 파악하고자 하는 부분에 있어서도 명쾌히 대답을 하지 못하고 일단 만나서 이야기하자는 말로 얼버무린다. 무턱대고 일단 사무실로 한 번 들어오라는 말만 되풀이한다.

회사의 입지 역시 직관에 많은 영향을 미치는데, 강남, 역삼, 삼성, 종로, 광화문, 을지로 등 소위 말하는 전형적인 오피스타운 지역에 위너들이 많이 모여 있는 반면에, 루저들은 그 외 지역이나 안양, 평촌, 수원 등 특히 수도권 이남 지역에 모여 있는 경우가 많다. 프로젝트를 성공시킬 만한 능력이 되니까 그러한 오피스타운에 회사가 있는 것인지, 아니면 그런 곳에 회사가 있기 때문에 프로젝트를 성공시키는지는 모르겠지만 아무튼 회사나 사무실의 입지가 프로젝트의 성패 여부와 정비례 곡선을 그리는 건 확실하다. 물론 이것은 내 경험에 비추어보았을 때 그렇다는 이야기이니 오해 없길 바란다.

이제 사무실로 들어가 보자. 회사가 크든 작든, 사무실이 넓든 좁든 크기와 규모에 상관없이 각 사무실마다 특유의 분위기가 존재한다. 당연히 위너의 사무실은 활기찬 기운이 구석구석 감돌고 있으며 직원들의 걸음걸이와 동작에서 기세가 느껴진다. 표정도 밝다. 한마디로 회사 전체에 기합이 들어가 있는 것이다.

반면 루저의 사무실은 발을 들여놓는 순간 가슴이 탁! 막히면서 갑갑한 기운이 사무실을 휘감고 있다. 직원들의 표정에는 생기가 없고 손님이 와도 본체만체 컴퓨터 모니터만 쳐다보고 있다. 좀비 드라마 '워킹 데드'의 촬영장을 방불케 한다. 특히 손님을 맞는 여직원의 표정과 말투만 봐도 이 회사가 어떤 수준인지 금방 답이 나온다.

미팅 자리에 나오는 머릿수도 영향을 끼치는데 위너는 미팅에 참여하는 인원수부터가 다르다. 인원 구성은 대부분 나에게 전화를 했던 담당자(대리) 그리고 같은 부서원(과장), 마지막으로 이번 프로젝트를 총괄하는 부서장(부장) 이렇게 최소 3명 이상의 인원이 미팅에 참석한다. 그리고 그들은 대부분 시간에 맞춰 다이어리와 명함집을 챙겨 나를 미리 기다리고 있다. 프로젝트의 성패를 좌우할지도 모르는 외부 전문가를 처음 만나는 자리인 만큼 부서장 이하 모든 구성원들이 높은 관심을 가지고 있다는 아주 확실한 증거다. 그들의 말과 표정에서는 결연함과 확신이 느껴지며 내가 하는 말 한마디 한마디에 고도의 집중력을 보인다.

또한 미팅을 위한 자료들은 잘 정리되어 있으며 내가 원하는 자료나 궁금한 사항에 대해서는 바로 대답이 나오거나 차후에 어떻게 준비될 것인지 그 자리에서 결정을 내려준다. 프로젝트를 진행할 완벽한 준비가 되어 있는 것이다. 하지만 루저는 미팅 자리에 혼자 나온다. 그나마 그 사람이 담당자면 다행이다. 1 : 1로 단둘이 앉아 있음에도 불구하고 분위기는 뭔가 어수선하고 미팅을 위한 자료는 종이 쪼가리 몇 장이거나 아예 없다. 물어보는 질문에 제대로 대답도 못하고 사소한 것 하나도 결정을 내릴 권한이 없기에 잘 모르겠다거나 부장님께 물어봐야 한다는 대답만 되풀이한다. 그러다가 부장님이라는 사람이 동석을 하게 되면 정말 가관인 상황이 연출되는데 바로 내 명함을 받아들고는 마치 그 자리에 내가 없다는 듯이 서로 대화를 나눈다.

"그런데 이 분이 우리랑 무슨 일을 한다는 거야?"

내가 누군지도 모르고 왜 왔는지도 모르며 왜 미팅을 하는지도 모른다. 프로젝트가 시작도 하기 전에 표류하고 있다는 뜻이다.

견적서,
통 크게 쓰고 통 크게 벌어라

마지막으로 위너와 루저를 가장 극명하게 구분 짓는 기준은 바로 견적을 대하는 태도다.

먼저 위너부터 보자. 위너들은 자신들이 이번 프로젝트를 위해 얼마의 예산을 쓸 수 있으며 프레젠테이션 진행에 있어 얼마의 예산을 투자할 수 있는지 미리 정하고 미팅에 임한다. 그리고 그 예산은 대부분 넉넉하다. 예산이 정해져 있기 때문에 설사 미팅 과정에서 견적이 초과한다고 해도 빨리 조치를 취할 수 있으며 대부분은 이번 프로젝트를 성공시켜야 한다는 강한 공감대와 성공할 수 있다는 확신이 있기 때문에 초과되는 견적을 과감히 수용한다. 그렇게 되면 의뢰를 하는 입장에서는 줄 돈을 다 줬으니 당당히 나에게 프로젝트와 관련된 사항을 요구할 수 있고 나 역시 그들에게 정당한 대가를 받고 일한다는 자부심에 가벼운 마음으로 프로젝트에 임할 수 있게 된다. 즉 서로에게 아쉽거나 찜찜한 상태가 아닌 완벽한 파트너십 관계로서 프로젝트를 시작하는 것이다.

하지만 루저는 책정해놓은 예산도 없거니와 외부 인력을 섭외하기 위해선 얼마의 예산이 필요할 것이라는 조사 자체를 하지 않았기 때문에 견적을 받아들고 놀란 토끼눈부터 뜨게 된다. 프로젝트에 대한 의욕과 확신이 없으니 부정적인 생각만 하게 되고 "어떻게 될지도 모르는데 돈까지 써야 하나."라는 생각에 매사 소심하고 수동적인 자세로 최소한의 액션과 결정만 반복한다. 수장부터 말단 직원까지 프로젝트를 진행하는 조직 자체가 엄동설한에 길거리에 나앉은 노숙자들처럼 잔뜩 움츠려 있는 꼴이다. 희망도 의욕도 기운도 없다.

사실, 그동안 입찰 제안을 포함하여 나에게 경쟁 프레젠테이션 기획을 맡긴 클라이언트들은 거의 대부분 승리를 따냈는데 놀라운 건 박빙의 승부가 아니라 전부 압승이었다는 사실이다. 하지만 전부 나와는 상관없는 결과다. 나의 능력이나 기획력 때문에 이긴 게 아니라는 뜻이다. 나는 그저 옆에서 거들었을 뿐이다. 겸손을 떠는 게 아니라 실제로 그렇다.

그렇다면 프레젠테이션 마스터로서 그동안 쌓아 올린 높은 승률은 어떻게 설명해야 할까. 답은 간단하다. 능력을 갖춘 즉, 이길 준비가 되어 있는 클라이언트가 나에게 의뢰를 해왔을 뿐이다. 물론 독자들은 의아해할 것이다. 본질도 훌륭하고 능력도 있는 클라이언트가 왜 비싼 돈을 들여가며 외부 전문가에게 기획 의뢰를 맡긴단 말인가. 상식적으로는 이해가 가지 않지만 세상일이라는 게 참 오묘해서 이길 승산이 있고 자신이 있으면 더 확실하게 이기기 위해 뭔가를 더 하려 하지만 승산도 없고 확신도 없는 회사는 오히려 아무것도 하지 않는다. 어차피 질 텐데 뭐 하러 시간과 돈을 쓰느냐는 생각이 지배적이기 때문이다. 공부 잘하는 학생은 더 많이, 더 열심히 공부하고 학원이며 과외며 사교육에 더 많은 시간과 돈을 투자하는 반면에 공부도 못하고 의지가 없는 학생과 부모들은 더 이상 아무것도 하지 않는 것과 같은 이치다. 대학을 포기한 자식에게 누가 투자를 하겠는가.

기부터 압도하면 모든 것이 풀린다

영화 '타짜'에 보면 이런 대사가 나온다.

"도박은 운칠기삼이야."

운이 7할이고 재주가 3할이라는 뜻인데, 프레젠테이션은 반대다. 운삼기칠, 운이 3할이고 재주가 7할이다. 프레젠테이션에서의 재주란 프로젝트에 임하는 자세와 기운을 말한다. 이 자세와 기운은 파워포인트 슬라이드로, 발표자의 표정과 목소리로 고스란히 드러난다. 굳이 그렇게 보이기 위해 노력하지 않아도 청중에게 자연스럽게 전달되는 것이다. 그런데 루저의 프레젠테이션은 처음부터 끝까지, 심지어 연단 위로 올라가는 발표자의 걸음걸이에서부터 패자의 기운이 물씬 풍겨 나온다. 뭔가 불안하고 음침한 데다가 목소리는 작고 표정은 어둡다. 억지로 미소를 지어보지만 썩은 미소만 날릴 뿐이다. 프레젠테이션 경진 대회나 발표 대회를 보면 어느 정도 결과가 예상되는 이유가 바로 이 때문이다. 사람이 느끼는 감정은 다 비슷해서 전문가가 아닌 평범한 사람이라도 충분히 느낄 수 있는 기운이다. 물론 심사위원들이라고 예외는 아니다.

기운이라는 것이, 기세라는 것이 눈에 보이지 않기에 과학적으로 증명하거나 보여줄 수는 없지만 나는 분명히 느낀다. 매번 프로젝트를 진행할 때마다 느끼고 클라이언트를 만날 때마다 느낀다. 어쩌면 경쟁 프레젠테이션의 시작은 누가 얼마나 강하고 힘찬 기운으로 시작하느냐의 싸움일지도 모르겠다.

덧붙여 하나 더. 보통 담당자와 사이가 좋으면 즉 정서적으로

링크가 되면 대부분 결과도 좋았다. 친구처럼 호형호제를 한다는 게 아니다. 단지 갑과 을, 혹은 클라이언트와 에이전트의 관계를 넘어 인간적인 교감이 통하면 일하기도 편하고 무엇보다 허심탄회하게 서로의 생각이나 문제점을 교류할 수 있게 되기 때문이다. 당연히 성과에도 긍정적인 영향을 끼친다. 하지만 이는 어떠한 처세나 기술로 되는 것이 아니기에, 그저 궁합이 잘 맞는 클라이언트를 만나기를 마음속으로 바랄 뿐이다.

09

프로젝트 전용 오피스, 최고로 꾸며라

국내 굴지의 대기업 본사 지하에 있는 직원식당을 방문한 적이 있다. 넓은 규모와 멋진 인테리어 그리고 환상적인 음식까지 삼박자를 완벽하게 갖춘 "역시 국내 최고의 기업은 다르구나."라는 말이 나올 정도의 시설이었다. 이곳을 경험하고 나면 대형마트와 백화점의 푸드코트는 쓰레기처럼 보일 정도다. 현대카드 본사는 더 대박이다. 식당은 말할 것도 없이 직원들을 위한 카페테리아는 마치 호텔 라운지를 보는 듯하다. 직원들을 위한 사우나와 스크린 골프장까지 있다고 하니 가히 복지 천국이라 해도 무방하다.

굳이 대기업이 아니더라도 어느 정도 규모가 되는 회사들은 직원 복지를 위한 시설과 투자를 아끼지 않는다. 최고의 복지는 정시 퇴근과 확실한 휴가 보장 그리고 높은 보수라는 확고한 신념을 가지고 있는 나로서는 이해할 수 없는 현상이지만 어쨌든 요즘 기업들의 추세가 이렇다.

회사는 '분명히' 일하러 오는 곳이다

2013년에 위에서 언급한 대기업 계열사의 플랜트사업부 의뢰를 받아 약 1주일간 경쟁 프레젠테이션 기획자로 프로젝트에 참여한 적이 있다. 저렇게 번듯한 구내식당을 갖추었지만, 정작 야식을 먹을 때는 마땅한 자리가 없어 사무실 한쪽에 신문지를 깔아놓고 그 많은 사람들이 테이블 주위에 둘러서서 치킨을 뜯었다는 사실이 아이러니했다.

하지만 "이거 뭔가 이상하다."라는 생각이 든 건 바로 프로젝트 팀이 일하는 공간 때문이었다. 작은 회의실을 임시로 쓰고 있었는데 프린터로 대충 뽑은 '프로젝트 진행 중, 출입 금지'라는 종이가 붙어 있었고 테이블 위에는 노트북과 각종 자료들이 어지럽게 널려 있었으며 전화기와 빔 프로젝터는 자리를 잡지 못해 표류하고 있었다. 개인 책상도 없이 회의실에 있던 테이블과 의자를 동료 삼아 그렇게 꾸역꾸역 일하고 있었던 것이다.

특히 나를 미치게 만들었던 건 정리되지 못하고 한쪽 구석에 위태롭게 쌓여 있던 서류들이었다. 결국 나는 비좁은 공간을 견디지 못해 노트북을 들고 바로 옆에 있는 탕비실로 –놀랍게도 탕비실이 회의실보다 더 좋았다.– 수시로 피난을 가야 했다.

더욱 놀란 건 그런 공간에서 프로젝트를 준비하고 있는 사실에 대해 아무도 이의나 불만을 제기하지 않았다는 것이다. 다들 '원래 프로젝트는 이런 데서 하는 것'이라고 생각하는 것 같았다. 직원들이 밥을 먹는 식당과 휴식을 취하는 라운지는 그렇게 공을 들이면서 어떻게 업무와 관련된, 그것도 보통 업무가 아닌 매출과 영업이익에 직결되는 중차대한 일을 하는 인원들을 위한 전용 공간이 그 지경일 수 있는지. 아무리 복지가 중요하다지만 회사가 있어야 복지도 있고 매출이 있어야 월급도 주고 복지시설도 유지하는 것 아닌가. 대한민국 최고의 기업이라는 회사 수준이 이 정도니 다른 회사들이야 말할 것도 없을 것이다. 나는 이제까지 그 어떤 회사도 프로젝트 팀이나 태스크포스 팀을 위한 전용 오피스 공간을 운영하고 있다는 소리를 들어보지 못했다.

프로젝트 전용 오피스 이렇게 하라

1. 의자를 돌리면 바로 회의를 할 수 있어야 한다

크고 작은 회의가 수시로 열리는 프로젝트 팀의 특성상 앉은 자리에서 의자만 돌리면 바로 회의를 할 수 있도록 회의 테이블과 개인 책상은 한 공간에 배치되어야 한다. 회의 한 번 하려고 주섬주섬 자료와 노트북을 챙겨 회의실로 우르르 몰려다니는 건 비효율적일 뿐만 아니라 그 광경은 코미디가 따로 없다.

2. 팀장실은 따로 있어야 한다

팀장은 말 그대로 그 팀을 이끄는 선장이다. 팀장이 뒷짐 지고 얼굴만 비추어서도 안 되지만 한 공간에 계속 같이 있는 것도 팀원들에게는 불안 요소다. 그러니 자기 방이 있어야 한다. 임원급 팀장의 경우 임원실이 있는데 굳이 또 방을 만들 필요가 있느냐고 하겠지만 아무리 별도의 방이 있다 하더라도 프로젝트 오피스라는 한 공간 속에 같이 있는 것과 떨어져 있는 건 천지 차이다. 전쟁은 서울에서 터졌는데 야전 사령부가 대전에 있어서야 말이 되나.

3. 샤워실과 수면실은 필수다

프로젝트 성공을 위해 주말은 물론 야근과 철야도 불사하는 이들이 사우나와 찜질방을 전전해서는 안 된다. 사우나 시설까지는 아니더라도 개운히 씻을 수 있는 샤워실과 단 1시간을 자더라도 책상에 엎드리거나 의자에 위태롭게 기대지 않고 두 다리 쭉 펴고 편안히 잘 수 있는 수면실은 그 어느 자양강장제보다도 몇만 배 효과를 발휘할 것이다. 물론 개인사물함은 필수다.

4. 헬프 데스크가 있어야 한다

프로젝트 오피스를 지원하는 별도의 헬프 데스크가 있어야 한다. 문서 수발이나 식사 주문 같은 자질구레한 일부터 보안 관리를 위한 외부 손님 관리, 출장 시 기차나 비행기 티켓 예매와 같은 일들을 대신 처리해주는 전담 직원이 배치되어야 한다. 팀원들이 사소한 일에 신경 쓰지 않고 오직 프로젝트에만 집중할 수 있는 환경을 만들어주기 위함이다.

5. 케이터링 룸이 있어야 한다

별것 아닌 것 같지만 업무환경으로 볼 때 중요한 공간이다. 프로젝트를 준비하는 업무 특성상 야식은 물론 음식을 사와서 먹는 경우가 많다. 그때마다 회의 테이블을 치우고 신문지를 깔고 한바탕 난리가 난다. 그렇게 먹고 난 후 치우는 것도 일이지만 더 큰 문제는 냄새다. 음식 냄새가 진동하는 곳에서 다시 업무에 집중하는 일만큼 고역도 없다.

하지만 별도의 케이터링 룸에서 식음료와 관련된 모든 일이 처리된다면 훨씬 깔끔하고 안정된 상태에서 업무에 집중할 수 있다.

6. 성지聖地가 되어야 한다

설계 회사들을 방문해보면 로비나 복도에 수주에 성공한 프로젝트의 조감도를 자랑스럽게 걸어놓은 회사들이 많다. 모형을 전시해놓는 경우도 있다. 자랑스러운 역사이기 때문이다. 이러한 역사들은 아무렇게나 방치되어서는 안 된다. 프로젝트 오피스 입구나 복도에 제대로 전시되어야 한다. 팀원들은 물론 프로젝트를 진두지휘한 팀장의 사진을 별도의 액자로 제작하여 그들이 담당한 업무와 수행 결과를 자세히 기술하여 놓으면 하나의 역사가 될 뿐만 아니라 자긍심도 생길 것이다. 선배들이 이루어놓은 업적을 바라보며 후배들 역시 그곳에 자신의 얼굴과 업적이 전시되길 바랄 것이다. 자연스러운 동기부여가 되는 것이다. 그러기 위해선 박물관이나 갤러리 수준의 조명과 시설로 제대로 전시되어야 한다. 그래야 성지가 된다.

마지막으로 오피스의 크기는 회사의 규모나 오너의 생각에 따라 다르겠으나 최소 한 층의 절반 정도면 적당하지 않을까 생각한다. 만약 한 층 전체를 프로젝트 오피스로 만든다면 2개의 프로젝트를 동시에 소화할 수 있는 멀티 오피스로 운영할 수 있을 것이다.

이 외에 디테일한 부분까지 언급하자면 끝도 없지만 중요한 점은 이왕 할 거라면 제대로 만들어야 한다는 것이다. 대충 간이 침대 몇 개 갖다놓고 수면실이라고 할 바엔 안 하는 게 낫다. 신입사원들로 하여금 나도 언젠가 프로젝트 오피스에 들어가 멋지게 일해보고 싶다는 생각이 들 정도는 되어야 한다. 그곳에 입성하는 것 자체만으로도 동료들의 부러움을 살 정도가 되어야 한다. 당연히 시설이나 인테리어는 예산이 허락하는 한 최고 수준이 되어야 할 것이다.

한 가지 더. 그냥 프로젝트 오피스라고 부를 것이 아니라 회사의 이미지나 창업주의 정신을 계승하는 이름을 명명하는 것도 하나의 아이디어다. 현대그룹이라면 '아산 아레나'를, 한화그룹이라면 '불꽃 라운지'를 추천한다.(정말 이 이름을 쓰게 된다면 개관식 때 초대장이라도 보내주길 바란다.)

물론 내가 열거한 모든 시설을 갖춘 프로젝트 오피스를 만들기 위해서는 비용이 들어간다. 하지만 직원 복지에 쏟는 예산의 3분의 1만 투자해도 일정 규모의 회사라면 무리 없이 추진할 수 있을 것이다. 설사 회사 사정상 제대로 된 시설을 전부 갖추지는 못하더라도 프로젝트를 준비하는 팀원들로 하여금 “회사가 우리를 위해 이렇게까지 신경을 써주는구나.”라고 느낄 수 있는 최소한의 공간과 서비스만이라도 지원해준다면 분명 팀원들의 사기는 달라질 것이다.

다시 한 번 말하지만 프레젠테이션은 사람이 사람에게 하는 것이고 사람은 환경의 영향을 받는다. 아주 많이.

10

반칙도 '본질'이 받쳐줘야 통한다

본질을 말하면 사람들은 실망한다. 본질을 논하면 상투적인 사람 취급을 받는다. 또 본질 타령이냐는 볼멘소리가 나온다. 하지만 그러한 사람들이 사실은 본질을 논하기 싫어서가 아니라 자신이 가지고 있는 본질이 약하거나 별 볼일 없기 때문이라는 사실을 알고 나서는 본질의 힘을 더욱더 신뢰하게 되었다. 미모에 자신 없는 사람이 진한 화장과 화려한 옷차림으로 자신의 외적인 부족함과 콤플렉스를 감추고 싶어 하듯, 본질이 약한 사람은 외적인 요소들 즉, 발표 스킬이나 화려한 슬라이드 디자인 등으로 자신의 약한 본질을 감추려고 한다. 본질의 부족함은 인정하지 않은 채 외적인 부분에서만 프레젠테이션의 실패 요인을 찾는다.

담합은 아무나 하는 게 아니다

가장 많은 변명 중 하나가 심사 과정에서의 부정을 의심하는 것이다. 물론 우리나라 경쟁 프레젠테이션이 항상 100% 공정한 상태에서 이루어진다고는 말하지 않겠다. 하지만 사기도 본질이 받쳐줘야 치는 것이다.

소치 동계 올림픽에서 우리는 이와 관련한 아주 적절한 사례를 찾을 수 있다. 아직도 국민들은 김연아 선수가 러시아에 금메달을 빼앗겼다고 생각한다. 당시 경기를 본 사람들이라면 누구나 다 그렇게 생각할 것이고 나 역시 마찬가지다. 심지어 다른 나라의 피겨 전문가들조차 소트니코바Adelina Sotnikova의 금메달은 있을 수 없는 일이라며 공개적으로 심사의 공정성을 지적했다. 실제로 심사 결과가 주최 측의 농간에 의한 짜고 치는 고스톱이었는지는 알 수 없지만 한 가지 확실한 건 소트니코바의 연기가 '나쁘지 않았다'는 점이다. 아무리 러시아가 자국 선수를 밀어주고 싶어도 실력이 형편없었다면 양심상 대놓고 장난을 칠 수는 없었을 것이란 뜻이다. 어느 정도 실력(본질)이 받쳐주니까 그나마 농간이라도 부릴 수 있는 것이다.

담합은 또 어떤가. 담합이 들통난 건설사들의 조합을 보라. 대부분 대형 건설사들끼리 모여 있다. 한마디로 어느 정도의 규모나 실력이 되지 않으면 즉, 본질이 받쳐주지 않으면 지방 건설사나 시공 순위가 낮은 중소 업체는 담합 그룹에 끼지도 못한다.

본질이 훌륭하면 실수는 보이지도 않는다

경쟁 프레젠테이션에서 이기고 싶은가? 그럼 먼저 훌륭한 본질부터 만들어라. 본질에 대한 자신도 확신도 애정도 없으면서 프레젠테이션을 잘하고자 한다면 그 사람은 둘 중 하나다. 바보거나 사기꾼.

물론 본질이 약해도 경쟁 프레젠테이션에서 이길 수 있다고 떠드는 약장수들이 있다. 만약 당신도 그렇게 믿는다면 프레젠테이션에서 사기를 치겠다는 생각인데 그런 쓸데없는 생각은 집어치우고 본질에 충실하길 바란다. 실제로 "우리는 이 정도로 불리한 상황이었는데 기가 막힌 전략으로 멋지게 뒤집어서 승리할 수 있었노라."라고 자랑하는 사람이 있더라도 한 귀로 듣고 한 귀로 흘려라. 당신에게는 절대 일어나지 않을 일이다. 평생에 한 번 올까 말까 한 행운의 여신이 우연히 방문했을 뿐이다. 인생을 로또처럼 사는 사람만큼 한심한 인생이 또 있을까.

간단한 질문을 하나 던지겠다.

스티브 잡스가 왜 프레젠테이션을 잘했다고 생각하는가? 왜 그의 프레젠테이션은 항상 화제가 되었을까? 그보다 더 세련되고 더 멋있고 더 화려하게 프레젠테이션을 하는 CEO들이 많은데도 왜 그들의 프레젠테이션은 사람들의 입에 오르내리지 않을까? 답은 간단하다. 그가 보여준 본질이 훌륭했기 때문이다. 스티브 잡스는 "우주에 흔적을 남긴다."라는 사명으로 제품을 만들었다고 한다. 그리고 실제로 그가 프레젠테이션에서 보여준 제품들은 우주에 흔적을 남기기에 충분했다.

그게 다다. 그러기에 마치 그의 프레젠테이션에 대단한 비밀이라도 있는 것인 양 떠들어 대는 책들을 보면 웃음만 나온다. 정작 스티브 잡스 본인은 본질에 대한 탐구와 노력은 등한시한 채 프레젠테이션과 슬라이드에만 집중하는 사람들에게 다음과 같이 일갈했는데 말이다.

"프레젠테이션 가지고는 문제가 해결되지 않습니다. 오히려 문제가 더 생기지요. 슬라이드만 잔뜩 들이대기보다는 적극적으로 참여하고 끈질기게 논의해서 결론을 내고, 그래야 하는 거 아닙니까? 자신이 말하는 내용을 장악하고 있는 사람에겐 파워포인트 같은 게 필요 없습니다."

물론 일개 프레젠테이션 업자인 주제에 지금 이 순간에도 최고의 제품과 서비스를 고민하는 기업인들에게 닥치고 좋은 본질을 만들어내라고 할 수도 없을 뿐더러 그럴 자격도 없다. 다만 훌륭한 본질 없이도 프레젠테이션만 잘하면 좋은 결과가 있을 것이라는 망상에서 빠져 있는 사람들이 하도 많기에 하는 말이다. 아무리 내가 경험이 많고 실력이 뛰어난 프레젠테이션 마스터라 할지라도 힘없는 본질 앞에서는 나 역시 나약한 업자일 뿐이다.

참고로 업계 사람들과의 술자리에서 가장 일하기 편한 클라이언트가 누구냐는 질문을 받은 적이 있는데 대답은 당연히 훌륭한 본질을 가지고 있는 클라이언트다. 반대로 일하기 힘든, 아니 짜증나는 클라이언트는 본질은 형편없는데 원하는 건 많은 클라이언트다. 정말 사람 미치게 한다.

훌륭한 제품을 만들지도 않으면서

훌륭한 기업을 만들겠다고 큰소리치는 사람이 많다.

정말 놀라운 일이다.

경영자의 가장 중요한 자질은

탁월한 제품과 서비스를 만들어내는 것이다.

–《엘론 머스크, 대담한 도전》 중에서

《엘론 머스크, 대단한 도전》 | 다케우치 가즈마사 지음 | 이수형 옮김 | 2014년 4월 | 비즈니스북스

PART 2

제작은 그런 것이 아니다

[핵심, 오직 핵심만이
오로이 드러나는 슬라이드가
진짜 프레젠테이션 슬라이드다.
나머지는 찌꺼기다.]

발표자가 빡세면 청중이 편하다

볼거리를 제공하라

슬라이드를 왜 만들까? 한 번도 생각해보지 않았다면 지금 생각해보기 바란다. 단박에 대답이 튀어나오지 않는다면 미안한 말이지만 당신은 지금까지 생각 없이, 목적 없이 슬라이드를 만들어온 것이다. 그렇다고 너무 자괴감에 빠지지는 말자. 다들 그러니까. 목적 없이 떠나는 길은 여행이 아니라 방황이듯 목적 없이 만든 슬라이드는 청중의 눈과 마음을 방황하게 만든다.

"젠장, 도대체 뭘 보라는 거야."

솔직히 슬라이드를 만드는 일은 귀찮고 힘들다. 그렇지 않은가. 시간도 많이 걸리고 공을 들여 봤자 만족스럽지도 않다. 외

주를 맡기자니 돈이 문제다.

그럼 차라리 슬라이드를 안 만들면 어떨까? 슬라이드 없이 프레젠테이션을 하는 것이다. 기막힌 생각 아닌가. 말도 안 되는 소리 지껄이지 말라는 독자들의 환청이 귓전을 때리지만 나는 지금 헛소리를 하고 있는 것이 아니다. 파워포인트가 없던 시절에는 프레젠테이션을 어떻게 했을 것 같은가. 컴퓨터 자체가 없던 시절에는? 종이도 연필도 없던 시절에는? 프레젠테이션이라는 용어만 쓰지 않았을 뿐이지 인류가 말로써 커뮤니케이션을 하기 시작하던 시절부터 프레젠테이션이라는 행위는 존재해왔다. 즉, 슬라이드 없이도 프레젠테이션을 잘만 해왔다는 뜻이다. 그러다가 종이가 발명되고 필기구가 발전하면서 사람들은 그냥 말로만 떠드는 것보다 한 글자라도 보여주면서 설명을 하면 청중들이 내용을 이해하는 데 도움이 된다는 사실을 알게 되었고 소위 슬라이드라는 개념의 '시각보조자료'가 탄생하게 된 것이다.

슬라이드는 보조도구일 뿐이다

그렇다. 슬라이드는 말 그대로 청중들의 이해를 돕기 위한 보조도구에 불과하다. 고작 보조도구에 불과한 슬라이드에 우리는 아까운 시간과 돈을 쏟아붓고 있는 것이다. 최근 들어 사람들이 조금씩 착각에서 빠져나오고 있지만, 아직도 많은 사람들이 파워포인트만 잘 다루면 기획서나 제안서를 잘 쓰는 사람처럼 보인다고 생각한다. 화려한 슬라이드와 애니메이션이 있어야만 제대로 된 프레젠테이션을 준비한 것만 같은 착각 속에서 허우적대고 있는 것이다.

강사와 교육생으로 딱 한 번 만났을 뿐, 명함 1장 교환한 적 없는 나에게 혁신 발표 자료를 만들어야 하니 좋은 템플릿 있으면 보내달라는 메일을 보내오는 게 현실이다. 그것도 대기업 과장이 말이다. 물론 강사에게 그런 이메일, 얼마든지 보낼 수 있다. 나는 그런 적극성을 사랑한다. 다만 '혁신 발표 자료'라는 타이틀에서도 알 수 있듯이, 중요한 건 슬라이드 디자인이 아니라 내용임을 당사자도 잘 알고 있을 텐데 멋진 템플릿이 없으면 발표 자료가 완성되지 못할 것이라는 고정관념이 안타까운 것이다.

물론 내용 정리가 완벽히 끝났으니까 템플릿을 찾는 것 아니겠느냐고 항변할 수도 있지만 내 경험상 그럴 가능성은 0.001%다. 그 과장님께는 왜 내가 템플릿을 보내드릴 수 없는지 정중하게 답장을 보냈지만 -물론 멋진 템플릿 샘플 같은 건 애초에 가지고 있지도 않다.- 그 후 어떤 답장도 받지 못했다. 나는 그분이 기본적인 인사 정도도 하지 못하는 인격의 소유자라고는 생각하지 않는다. 다만 여유가 없을 뿐이다. 템플릿 찾아 헤매느라.

슬라이드에 모든 걸 담으려 하지 마라

"슬라이드는 보조도구다."라는 개념을 이해하면 프레젠테이션을 제작함에 있어 간단하게 정리되는 사항이 한둘이 아니다. 즉, 슬라이드 만들기가 굉장히 쉽고 간단해진다는 뜻이다. 우선 슬라이드 장수 결정이 쉬워진다. 가끔 이런 질문을 받는다.

"발표 시간이 10분이면 슬라이드가 몇 장 정도 필요할까요?"

언뜻 평범한 질문처럼 들리지만 사실은 굉장히 답답한 질문이다. 그걸 누가 알겠는가. 슬라이드 1장에 5분씩 설명한다면 2장이면 될 테고, 슬라이드 1장당 1분씩 설명하면 10장이 필요할 것이다. 하지만 프레젠테이션이라는 게 무 자르듯이 그렇게 정확히 배분되지도 않을뿐더러 어떤 슬라이드는 10초면 설명이 가능할 것이고 또 어떤 슬라이드는 5분도 모자랄 수 있다. 즉 발표 시간에 따른 슬라이드 장수를 예상한다는 건 불가능하다.

하지만 "어차피 슬라이드는 보조도구니 내 발표를 보조해줄 만큼만 만들면 된다."라는 기준이 있으면 꽤 근사치에 가깝게 슬라이드 장수를 예상할 수 있다. 하지만 사람들은 "내가 설명하는 내용이 전부 슬라이드 위에 보여야 한다."는 강박관념을 가지고 있다. 강약 없이 모든 내용을 슬라이드에 앉히려 한다는 뜻이다.

예를 들어 '유가 하락에 따른 매출 감소'를 설명한다고 하면 분명 포인트가 있을 것이다. 만약 유가 하락이 청중에게 설명하고자 하는 포인트라면 유가 하락을 설명하는 그래프 슬라이드가 1장 필요할 것이다. 그로 인해 매출 감소 내용은 말로 설명하면 된다. 그렇다면 슬라이드 1장으로 충분하다. 반대로 매출 감소가 포인트라면 구체적인 매출 감소 수치가 나타나는 표나 그래프가 1장, 그리고 그에 따른 결과와 영향까지 보여주려면 결과를 정리한 슬라이드 1장 이렇게 총 2장의 슬라이드가 필요할 것이다. 유가 하락이라는 내용은 역시 말로 설명하면 될 것이다.

하지만 사람들은 유가 하락, 매출 감소, 그에 따른 결과와 영향까지 슬라이드 1장에 전부 때려 박으려 한다. 그렇게 되면 슬라이드는 무거워지고, 즉 내용은 많아지고 핵심은 사라지게 되며 청중은 눈길 줄 곳을 몰라 방황하게 된다. 슬라이드가 청중의 이해를 돕기 위한 보조도구가 아니라 프레젠터의 발표를 보좌하는 '시다바리' 수준으로 전락하고 마는 것이다.

슬라이드는 결국 청중을 향해야 한다

사내 강사를 준비하고 있는 공무원들을 대상으로 강의교안 특강을 할 때마다, 강의 시작과 동시에 복창하게 하는 슬로건이 있다. 바로 "강사가 편하면 청중이 힘들고, 강사가 힘들면 청중이 편하다."라는 문구다. 강사가 청중은 안중에도 없이 그저 자기가 강의할 내용만 빼곡히 적은 슬라이드를 띄워놓고 읽기만 한다면 강사 자신은 편할지 몰라도 그 강의를 듣는 청중은 1분도 안 돼서 각자의 꿈나라로 떠날 것이다.

반대로 청중들이 쉽게 이해하고 집중할 수 있게 만들려면 슬라이드 1장도 고민하고 연구해야 하니 당연히 제작 시간은 길어질 것이다. 빼곡히 채우려 했던 내용들은 강사가 암기를 통해 머릿속에 집어넣어야 하니 강의를 준비하고 연습하는 시간은 길어질 것이다. 즉, 강의를 준비하는 강사가 굉장히 힘들어진다는 뜻이다. 하지만 청중은 아주 보기 편한 슬라이드를 통해 강의에 집중할 수 있게 된다.

프레젠테이션도 마찬가지다. 발표자가 자기 편하자고 슬라이드 1장에 모든 내용을 때려 넣으면 청중은 바로 외면할 것이다. 청중은 안다. 저 슬라이드가 자신들을 위한 것인지 아니면 발표자를 위한 것인지. 자기를 위한 슬라이드도 아닌데 뭐 하러 처다보겠는가.

내가 프레젠테이션 제작에 있어 모토로 삼고 있는 "세상에서 가장 쉽고 간단한 프레젠테이션을 만든다."라는 슬로건도 바로 이 보조도구라는 개념을 이해하고 나서 만들게 되었다. 실제로 프레젠테이션 제작 의뢰를 받으면 그렇게 만든다. 너무나 쉽고 간단하게. 하지만 그 쉬운 1장의 슬라이드를 만들기 위해 나는 몇 시간을 고민한다. 며칠씩 걸리기도 한다. 그렇게 고생하고 투자한 시간만큼 청중은 편하다고 믿기 때문이다. 청중이 편해야 슬라이드에 집중할 것이고 청중이 집중해야 프레젠터도 떠들 맛이 나는 것이다. 결과는 당연히 좋을 테고.

마지막으로 다시 한 번 묻고 싶다.

"왜 슬라이드를 만드는가?"

"누구를 위해 슬라이드를 만드는가?"

12

제대로 된 슬라이드에는 템플릿이 필요없다

프레젠테이션 디자이너와 그래픽 디자이너

template : 1. 형판 2. 견본, 본보기

이게 템플릿의 정확한 뜻이다. 보통 파워포인트 템플릿이라고 하면 슬라이드 디자인을 할 때 반드시 있어야 하는 절대적인 기준이나 프레임이라고 생각하는데 템플릿은 쉽게 말해 그냥 슬라이드의 '바닥'일 뿐이다. 그럼에도 불구하고 아직도 템플릿 시안 운운하는 사람들이 있으니 개탄할 노릇이다.

왜 템플릿에 목을 맬까? 왜 예쁜 템플릿을 찾아 헤맬까. 디자인보다는 기획이나 구성이 먼저라고 말하면서 왜 프레젠테이션 디자이너들에게 템플릿 시안 먼저 보자고 보채는 걸까. 디자이너의 생각이나 콘셉트, 구상 등은 궁금하지 않은 것인가. 왜 다들 템플릿에 안달이란 말인가. 바로 착각 때문이다. 파워포인트는 예뻐야 한다는 착각. 멋진 템플릿이 있어야 멋진 슬라이드 디자인이 나온다는 착각. 템플릿 시안을 많이 보여주는 디자이너가 디자인을 잘 할 것이라는 착각.

분명히 말해두지만 템플릿 시안과 디자이너의 능력은 별개다. 템플릿 시안은 디자인적 감각만 있으면 누구나 뽑아낼 수 있지만 정작 중요한 본문 슬라이드를 만들기 위해서는 디자인 감각 이상의 능력(구성력, 기획력, 추진력, 결단력, 이해력 등)을 필요로 하기 때문이다. 이러한 능력이 있는 사람을 우리는 '프레젠테이션 디자이너'라고 부른다. 이런 능력이 없으면 그냥 그래픽 디자이너다.

코스트코에 사람들이 몰리는 이유

존재 자체가 난센스다. 파워포인트, 즉 슬라이드를 사용하는 목적이 뭘까. 앞서 설명했듯이 사람들이 슬라이드를 활용하는 이유는 발표에 도움이 되기 때문이다. 즉 슬라이드는 프레젠터의 발표와 청중의 이해를 돕는 보조도구란 뜻이다.

슬라이드를 시각보조자료라고 부르는 이유도 이 때문이다. 한낱 보조도구에 불과한 슬라이드에 왜 시간과 돈을 처바르는가. 심지어 내용도 아닌 바닥에 불과한 템플릿에 말이다. 프레젠테이션의 내용과 구성만 좋으면 그 자체만으로도 슬라이드를 꽉 채우고 남을 뿐만 아니라 발표 능력까지 출중하다면 화려한 템플릿 없이도 얼마든지 멋진 프레젠테이션을 할 수 있다. 내용이 빈약하고 발표에 자신이 없는 사람들이나 자꾸 슬라이드 디자인에 목을 매고 뭐라도 더 채우고 더하려고 하는 법이다. 그동안 디자인만 번지르르하고 정작 알맹이는 없는 슬라이드들이 우리를 얼마나 속여왔는가. 복잡하고 정신없기만 할 뿐, 핵심과 결론에 아무런 도움도 되지 못하는 애니메이션 효과들은 또 얼마나 우리의 눈을 피곤하게 만들었는가.

평일에도 주차장에 진입하려는 자동차들로 인산인해를 이루는 창고형 할인마트 코스트코. 코스트코는 인테리어 개념 자체가 없다. 제품은 진열이 아니라 적재 수준으로 무식하게 쌓아놓았으며 각 층과 구역을 구분하는 각종 사인물들은 마치 어떻게 하면 촌스럽게 보일까를 고민한 흔적이 역력하다. 고객들이 유일하게 배를 채울 수 있는 식당의 플라스틱 테이블은 항상 자리 쟁탈전이 벌어지고 지저분한 식기 반납대에 가서 고객이 직접 포크와 나이프를 분류하여 치워야 한다. 그런데도 사람들은 피자와 핫도그를 먹으려고 줄을 선다.

아이러니한 건 이처럼 투박하고 불편하며 반 친화적인 느낌의 공간에 아무나 들어갈 수 없다는 것이다. 회원가입을 한 멤버십 회원들만 이용할 수 있다. 타인에게 양도가 안 되는 건 물론이고 매년 연회비까지 내야 한다. 게다가 카드 결제는 삼성카드만 된다. 그런데도 주말이면 사람들로 발 디딜 틈이 없다.

이유는 간단하다. 코스트코에 가면 좋은 물건을 싸게 살 수 있기 때문이다. 단지 그것뿐이다. 소비자 입장에서는 좋은 물건만 싸게 살 수 있다면 매장의 인테리어나 진열의 편리성 같은 건 중요하지 않다. 오히려 촌스럽고 무미건조한 매장 인테리어가 소비자들의 오감을 오로지 상품에만 집중하도록 만든다. 문화센터나 라운지 같은 고객을 끌어들이기 위한 별도의 부대시설 자체가 필요 없는 것이다.

마찬가지다. 아무리 슬라이드 디자인이 촌스럽고 평범해도 프레젠터가 전하고자 하는 메시지와 본질만 훌륭하다면 텅 빈 슬라이드에 이미지 1장, 글자 하나만 띄워도 청중에게는 충분히 전달되고도 남는다.

중요하다고 생각하면 중요한 거다

오랜 세월을 산 건 아니지만 40년 가까이 살아보니 한 가지 깨달은 사실이 있다. 바로 무슨 일이든 "중요하다고 생각하면 중요해진다."는 것이다. 반대로 중요하다고 생각하지 않으면 중요하지 않다. 예를 들어 결혼식 하객이 중요하다고 생각하는 사람은, 그렇게 믿는 사람은 하객 아르바이트를 동원하여 부족한 머릿수를 채울 것이다. 하지만 하객은 중요하지 않다고 생각하는 사람은 소중한 지인들만 불러서 조촐하고 심플하게 스몰 웨딩을 치를 것이다.

중요성의 가치를 어디에 두느냐에 따라 같은 상황이라 할지라도 누구에게는 심각한 문제가 되고 누구에게는 전혀 문제가 되지 않는다. 템플릿이 중요하다고 생각하는 사람은 계속 템플릿에 목을 맬 것이고 내용이 중요하다고 생각하는 사람은 템플릿이라는, 슬라이드 디자인이라는 무거운 짐을 벗어 던지고 핵심과 본질에 집중할 것이다.

이제부터라도 예쁜 템플릿, 멋진 템플릿이라는 허황된 생각은 버리자. 쓸데없는 곳에 돈 쓰지 말자. 솔직히 템플릿에 공들이는 시간이 돈보다 더 아깝다. 슬라이드 디자인이라는 개념 자체를 머릿속에서 지워버리자. 디자인은 디자이너들이 할 일이지 당신이 할 일이 아니다. 당신이 꾸미고 공들여야 할 대상은 슬라이드가 아니라 당신이 전달하고자 하는 본질과 메시지다.

착각하지 말자. 프레젠테이션 슬라이드는 디자인이 아니다. 침대는 가구가 아니듯이.

손님용 그릇은
너무 복잡하지 않은 모양으로 장만하자.
어떤 종류의 요리라도 돋보일 수 있도록
단순한 모양을 선택하라.

– 《도미니크 로로의 심플한 정리법》 중에서

《도미니크 로로의 심플한 정리법》 | 도미니크 로로 지음 | 임영신 옮김 | 2013년 11월 | 문학테라피

현직 프레젠테이션 마스터가 말한다!

템플릿 없이 슬라이드 만드는 방법

1. 제목을 버려라

템플릿이 꼭 있어야 한다고 생각하는 이유는 슬라이드마다 제목을 달아야 한다는 고정관념 때문이다. 제목을 달아야 하니 당연히 제목과 본문을 구분 짓는 경계가 필요하고 그러다 보니 자연스레 제목을 넣을 상단 바 디자인이 필요하게 되고 결국 템플릿을 찾게 된다.

생각해보자. 우리는 지금 눈으로 읽어 내려가는 보고서를 만드는 게 아니다. 프레젠터가 친절히 설명해주는 프레젠테이션 슬라이드를 만드는 것이다. 그런데 제목이 왜 필요 한가? 나는 지금까지 천문학적 금액이 왔다 갔다 하는 경쟁 프레젠테이션 슬라이드를 만들면서 형식적으로나 의무적으로나 제목을 달아본 적이 없다. 물론 템플릿을 만든 적도 없다. 그래도 결과만 좋았다. 슬라이드에 제목이 꼭 있어야 한다는 고정관념을 버리자.

2. 목차를 버려라

대부분 표지 슬라이드가 나오고 나면 목차 슬라이드가 나온다. 그리고는 목차를 줄줄 읽는다. 청중의 집중도가 가장 높은 프레젠테이션 초반에 목차를 무미건조하게 읽는 것도 천인공노할 일이지만 과연 목차가 프레젠테이션을 진행함에 있어 꼭 필요한 존재인지를 생각해봐야 한다.

목차가 무엇인가. 목차는 두꺼운 책이나 보고서를 읽을 때 내가 읽고 싶은 부분을 빨리 찾기 위한 일종의 길잡이다. 그런데 길어야 10분 빠르면 5분 안에 끝나는 프레젠테이션에 목차가 웬 말인가. 그 어떤 청중도 프레젠터가 목차 순서대로 발표를 하고 있는지 계산해가며 듣지 않는다. 그럴 시간도 그럴 이유도 없다. 목차를 버리자.

3. 색깔을 버려라

슬라이드 바닥에 어울리는 색깔을 고르려 하지 말자. 곤색, 갈색, 녹색, 파란색 등. 이런 색깔 골라봤자 어지간히 뛰어난 색감의 소유자 아니면 소화하기도 벅찰 뿐더러 빔 프로젝터가 그런 색깔들을 제대로 투영해낸다는 보장도 없다. 바닥만 화려하면 뭐하나. 그 바닥 위에 올릴 고가의 가구와 은은하게 비춰줄 멋진 샹들리에 조명을 장만할 여력이 되지 않으면 괜히 애꿎은 바닥에 쓸데없이 돈만 낭비하는 꼴이다.

간단하게 생각하자. 밝은 프레젠테이션을 하고 싶으면 흰색, 어두운 프레젠테이션을 하고 싶으면 검은색이다. 실제로 그런 슬라이드 색깔을 사용했던 프레젠터를 보고 싶다면 유튜브에서 엘론 머스크Elon Musk(흰색 슬라이드)와 스티브 잡스(검은색 슬라이드)의 프레젠테이션 동영상을 검색해보기 바란다. 놀라운 흑백의 향연을 보게 될 것이다.

13

포르노처럼 단순하게 가라

간단한 문제 하나.

다음 중 프레젠테이션 디자이너의 역할은 무엇인가?
1) 1만 원을 1만 원처럼 보이게 한다.
2) 1만 원을 100만 원처럼 보이게 한다.
3) 1만 원을 보기 좋게 꾸미고 치장한다.

정답은 1번이다. 왜 정답이 1번인지를 논하기 전에 2번과 3번이 오답인 이유부터 알아보자. 우선 2번을 선택한 사람은 사기꾼 기질이 있거나 일생을 요행과 잔머리로 일관해온 사람일 확률이 높다. 1만 원을 100만 원처럼 보이게 하겠다는 발상부터가 사기꾼 마인드일 뿐만 아니라 디자인만 잘하면 눈속임이 가능할 것이라는 생각은 순진함을 넘어 어리석음의 극치를 보여준다. 하지만 아직도 많은 사람들이 2번을 정답으로 철석같이 믿고 있으니 그저 안타까울 따름이다.

3번을 선택한 사람은 그나마 좀 낫다. 최소한 사기 칠 생각은 안 하니까. 물론 보기 좋은 떡이 먹기도 좋다는 말처럼 슬라이드가 예쁘고 화려해서 나쁠 건 없다. 하지만 그전에 반드시 명심해야 할 사실이 있다. 바로 명분과 목적이다. 아무리 슬라이드가 멋지고 화려해도 프레젠터가 핵심을 전달하는 것에, 청중이 내용을 이해하는 것에 아무런 도움도 되지 않는다면 그건 그냥 '떡칠'이다. "아주 얼굴에 떡칠을 했구만."이라고 말할 때 쓰는 그 떡칠 말이다. 기초 화장만 해도 광채가 나는 사람이 있는가 하면 비싼 화장품을 발라도 싸구려처럼 보이는 사람도 있는 법이다.

1만 원을
1만 원처럼 보이게 하는 방법

이제 1번이 정답인 이유를 설명하겠다. 우선 1만 원을 1만 원처럼 보이게 하는 거라면 있는 그대로 보여주면 되지 거기에 무슨 디자인이 필요하냐고 생각하는 사람이 대부분일 것이다. 맞다.

그냥 있는 그대로 보여주면 된다.

하지만 생각해보자. 프레젠테이션이 뭔가. 프레젠테이션은 특정한 대상에게 나(우리 회사, 제품)만의 본질을 정확히 표현하고 그에 따른 구체적인 결과를 얻어내는 작업이다. 동의하는가? 하지만 그 특정한 대상이라는 것이 무엇인가. 바로 사람이다. 같은 공간에 있는 청중에게 똑같은 1만 원을 보여줘도 청중의 성격, 나이, 직업, 지적 수준, 성별, 직책, 업종 등에 따라 1만 원으로 보는 사람도 있지만 그냥 종이 쪼가리로 보는 사람들도 있다. 바로 그 1만 원을 종이 쪼가리로 착각하는 사람들 때문에 슬라이드 디자인이 필요한 것이고, 그런 능력을 가진 사람을 우리는 프레젠테이션 디자이너라고 부르는 것이다.

그래픽 디자이너는 '어떻게 하면 예쁘게 꾸밀까?'를 생각하지만 프레젠테이션 디자이너는 '어떻게 하면 청중들이 핵심을 더 쉽고 빠르게 이해할 수 있을까?'를 고민한다. 그래픽 디자이너는 '색깔'을 고민하지만 프레젠테이션 디자이너는 '구도와 배치'를 고민한다.

포르노를 예로 들어보자. 포르노의 특징은 설명이 필요 없고, 보는 순간 반응하며, 제작비도 적게 든다는 점이다. 마찬가지다. 프레젠테이션 디자인은 그런 것이다. 화면에 슬라이드가 뜨는 순간 구구절절 프레젠터가 설명하지 않아도, 휘황찬란한 색깔과 복잡한 애니메이션을 쓰지 않아도 청중이 한눈에 핵심을 알아보게 만드는 것. 그게 바로 프레젠테이션 디자인이다.

그런데 슬라이드를 칸느 영화제 다큐멘터리 부분 진출작처럼 만드는 사람들이 있다. 그런 슬라이드를 띄우면 어떨 것 같은가? 심사위원과 클라이언트들이 괜히 인쇄물을 뒤적거리고 시계를 쳐다보며 하품을 하는 게 아니다. 다 이유가 있는 것이다.

내가 유일하게 매달 3만 원씩 기부금을 내는 단체가 있으니 바로 '그린피스Green Peace'다. 그린피스에 기부를 하는 이유는 기업과 정부에 절대 손을 벌리지 않는다는 곤조도 맘에 들었지만 거리 모금가들이 입는 유니폼이 맘에 들었기 때문이다. 흰색 그린피스 로고가 박힌 연녹색 패딩 점퍼가 나의 시선을 단번에 사로잡았다. 연녹색을 베이스로 하는 부스 디자인 역시 제대로 갖춰진 내실 있는 단체라는 신뢰를 주기에 충분했다.

그렇다. 내가 그린피스에 호감을 가진 것도, 직접적으로 후원을 하게 된 계기도 순전히 디자인 때문이다. 온갖 감성적인 카피와 자극적인 사진은 물론 유명 연예인들의 동정 어린 호소에도 꿈쩍 않던 내가 연녹색의 단순한 디자인 하나 때문에 생각을 바꾸게 된 것이다. 환경 보호에 동참하겠다는 거창한 생각 같은 건 애초에 없었다. 무엇보다 내가 후원을 끊지 않고 계속 기부를 하고 있는 이유는 그들이 지속적으로 보내오는 뉴스레터를 통해 그들의 진정성(본질)을 느낄 수 있었기 때문이다. 얼마 되지 않는 돈이지만 내 후원금이 정말 제대로 쓰이고 있다는 믿음을 받고 있다. 이처럼 단순한 디자인만으로도 얼마든지 소기의 목적을 달성할 수 있다.

1만 원을 100만 원처럼 보이게 하는 방법

그렇다면 정녕 1만 원을 100만 원처럼 보이게 할 수 있는 방법은 없단 말인가? 화려한 디자인만으로는 안 된단 말인가? 그렇다. 안 된다. 하지만 100만 원짜리 프레젠테이션을 할 수는 있다. 방법도 대단히 간단하다. 100만 원을 보여주면 된다. 1,000만 원짜리 프레젠테이션을 하고 싶은가? 그럼 1,000만 원을 보여주면 된다. 이제 감이 오는가? 프레젠테이션 디자인의 목적은 내가 가진 본질을 제대로, 똑바로 그리고 정확히 보이게 하는 것이지 멋지고 화려한 디자인으로 청중을 현혹시키는 게 아니다.

디자인은 기획을 이길 수 없고 기획은 본질을 넘을 수 없는 법이다. 본질을 외면한 디자인은 떡칠일 뿐이다. 당신의 본질만 훌륭하다면 그리고 본질에 대한 확신만 있다면 디자인은 자연히 해결된다. 그냥 제대로 보여주기만 하면 되니까.

14

다이어그램은 본질을 가릴 뿐이다

다이어그램이 등장한 이유

처음 파워포인트가 나왔을 때, 사람들이 가장 열광한 기능이 바로 '텍스트 상자'였다. 매직펜으로 한 자 한 자 전지 위에 꾹꾹 눌러쓰거나 OHP 필름을 정성스럽게 1장씩 올려놓는 노가다를 해왔던 이들에게 키보드로 글자만 입력하면 큰 화면에 깨끗하게 투영되는 파워포인트는 그야말로 신세계였던 것이다. 당시는 슬라이드에 이미지 1장 넣는 것도 새로운 도전이던 시절이었다.

하지만 시간이 흐르면서 텍스트만 난무하는 슬라이드에 사람들은 의문을 갖기 시작했고 아직 '프레젠테이션 디자인'이라는 용어 자체가 생소하던 시절, 텍스트 일색의 슬라이드에 대한 대안으로 대두된 것이 바로 '다이어그램diagram'이다. 형형색색의 네모와 동그라미들이 화살표와 함께 오와 열을 맞춰 슬라이드에 정렬되자, 텍스트만 보던 사람들은 왠지 보기도 편하고 이해하기도 쉽다는 착각을 하기 시작했다. 그저 텍스트를 도형 안에 구겨 넣었을 뿐인데 말이다. 사람들은 네모 박스 안에 텍스트 대충 집어넣고 화살표 몇 개 삽입하고 나면 꽤 그럴듯한 슬라이드가 만들어진다며 뿌듯해했다. 보는 사람과 만드는 사람, 모두를 만족시키는 절묘한 접점을 다이어그램이 찾아준 것이다.

특히 임원들의 최종 승인을 받기 위해서는 다이어그램이 필수였다. "좀 보기 좋게 도형으로 정리해봐."라는 멘트가 어김없이 나오던 시절이었다. 사람들은 다이어그램에 점점 더 목을 매기 시작했고 파워포인트 디자인 활용서들은 앞다투어 다이어그램 샘플 CD를 부록으로 뿌리기 시작했다. 그 부록 CD 때문에 책을 사는 사람도 있을 정도였다. 프레젠테이션 디자이너의 역량 또한 얼마나 내용과 핵심을 간결하고 임팩트 있게 정리하였느냐가 아니라, 다이어그램을 얼마나 화려하고 예쁘게 만들었느냐가 기준이 되었다. 대규모 프로젝트를 준비하는 건설업체들의 합동사무소 편집실에는 다이어그램만 전문으로 그리는 디자이너가 있을 정도였으니 그야말로 다이어그램은 프레젠테이션 슬라이드에 있어서 절대 빠질 수 없는 요소였던 것이다.

다이어그램은 착각의 거품이다

다이어그램은 정말 청중들의 이해를 도와주고 있을까? 사람들이 다이어그램을 사용하는 이유는 길게 나열된 텍스트를 청중으로 하여금 쉽고 빠르게 이해하도록 하기 위함인데, 어찌 된 영문인지 다이어그램이 들어간 슬라이드를 이해하려면 미간을 찌푸려가며 뚫어져라 쳐다봐야 한다. 박스 하나하나는 물론 그 박스와 박스 사이를 연결하는 화살표 역시 성지순례 하듯이 천천히 되새기며 따라가야 하는 것이다.

물론 그렇게라도 해서 내용을 이해하면 다행이겠으나 대부분의 사람들은 그러한 수고를 하지 않는다. 대충 훑고 지나가버린다. 어차피 이해하기도 벅찰뿐더러 발표자의 설명을 들어봐도 무슨 내용인지 알아먹을 수가 없다. 다이어그램이 청중의 이해를 돕기 위해 만들어진 것이 아니라 발표자나 디자이너의 자기만족으로 탄생한 결과물이기 때문이다.

사람들은 큰 착각을 하고 있다. 다이어그램안에 집어넣기만 하면 어떻게든 될 것이라는 착각이 그것이다. 다이어그램 안에만 집어넣으면 사람들이 보기 쉬울 것이라는 착각, 다이어그램 안에만 집어넣으면 프레젠테이션 슬라이드처럼 보일 것이라는 착각, 다이어그램 안에만 집어넣으면 있어 보일 것이라는 착각. 보통 다이어그램을 그리는 것 자체가 힘들고 어렵다고 생각하는 데다 꽤 그럴듯한 다이어그램 몇 개 그리고 나면 나름 파워포인트 열심히 만들었다고 스스로에게 만족하기 쉽다. 솔직히 그깟 박스와 동그라미 몇 개 나열하는 게 어려우면 얼마나 어렵겠나.

정말 어려운 건 다이어그램 자체가 아니라 바로 그 안에 집어넣기 위한 내용을 정리하고 핵심을 뽑아내는 과정이 어려운 것이다. 하지만 그러한 과정은 생략한 채 형형색색의 도형 안에 냅다 텍스트만 집어넣으려고 하니 결국 다이어그램의 본질을 잃어버리고 마는 것이다.

복잡하고 어려운 내용을 다이어그램으로 잘 표현했다고 좋아하지 말자. 오히려 더 복잡해졌을 수도 있다. 쓸데없이 시간만 축 낸 것일 수도 있다. 심플하고 명쾌한 프레젠테이션은 다이어그램이 필요 없다. 흔히 말하는 잘 된 프레젠테이션, 멋진 프레젠테이션들을 생각해보자. 다이어그램이 있던가? 내 기억엔 없다. "야, 이 다이어그램은 정말 잘 표현됐구나!"라고 감탄한 적이 없다는 뜻이다.

명쾌한 주제와 핵심으로 이루어진 프레젠테이션은 복잡한 다이어그램이 필요 없다. 그리고 더 중요한 점은 우리가 다이어그램의 필요성과 효용성에 대해 진지하게 고민하는 사이에 세상은 이미 플랫 디자인flat design의 시대로 넘어가고 있다는 사실이다. 놀랍지 않은가? 우리가 겉으로만 보이는 치장에 목매고 디자인에 신경 쓰는 동안 세상은 점점 본질, 본질. 본질에 집중하고 있다.

다이어그램은 당신의 본질을 가릴 뿐이다. 본질로 승부하고 싶은가? 핵심을 보여주고 싶은가? 그럼 다이어그램을 벗어던져야 한다. 과감히.

다이어그램 없이 직관적인 슬라이드 구경할 수 있는 곳

1. 두아르떼 공식 홈페이지 http://www.duarte.com

세계적인 프레젠테이션 제작/교육 전문기업 두아르떼Duarte의 공식 홈페이지에 있는 포트폴리오를 둘러보면 다이어그램 없이도 임팩트 있고 깔끔한 슬라이드 구성이 얼마든지 가능하다는 것을 알 수 있다.

2. AWWWARDS http://www.awwwards.com

'The awards for design, creativity and innovation on the Internet'이라는 슬로건으로 운영되고 있는 디자인 사이트로 감각적이면서도 심플한 웹사이트의 사례들이 끊임없이 올라온다. 나 역시 이곳에서 디자인적 영감을 받고 있다.

3. 엘론 머스크 프레젠테이션

유튜브에서 'Elon Musk debuts the Tesla Powerwall'로 검색하면 그의 프레젠테이션 동영상을 볼 수 있는데, 슬라이드를 삼등분한 가로형 슬라이드의 백미를 볼 수 있다. 어지럽고 복잡한 다이어그램 없이도 복잡한 시스템을 쉽게 설명하고 있다.

4. 스티브 잡스 프레젠테이션

플랫 디자인의 정수를 보여주는 그의 프레젠테이션 슬라이드에 다이어그램은 존재 하지 않는다. 그의 뒤를 이은 팀 쿡Tim Cook 회장의 슬라이드 역시 마찬가지다.

15

핵심이 빠진 그래프는 쓰레기다

그래프, 과대평가된 툴

수치와 데이터를 말하는 순간, 프레젠터는 어김없이 그래프를 펼쳐 보인다. 그래프는 많은 역할을 한다. 논리, 정확성, 신뢰성 그리고 전문성까지. 그래프 하나로 이 모든 게 커버된다. 특히 그래프의 스케일이 크면 클수록, 데이터가 복잡하면 복잡할수록 효과는 극대화된다. 청중이 쉽게 알아보느냐 아니냐는 나중 문제다. 야구 관련 블로그만 보더라도 타자의 타율이나 투수의 방어율 및 팀의 승률 등을 설명할 때 관련된 그래프를 첨부한 글이 좀 더 전문적으로 보이는 것도 이 때문이다. 물론 이런 글일수록 재미도 없고 내용도 어렵다.

물론 그래프가 수치와 팩트를 설명하는 데 있어 유용한 툴tool임을 부정하지 않는다. 하지만 프레젠테이션에서 보여주는, 즉 슬라이드에 띄우는 그래프는 인쇄물에 쓰이는 그래프와는 달라야 한다. 무엇보다 보기 쉬워야 하고 심플해야 한다. 한마디로 핵심이 한눈에 보여야 한다는 뜻이다. 가장 최악의 멘트 중 하나가 바로 이런 것이다.

"여러분, 이 그래프를 자세히 봐주시기 바랍니다."

복잡하고 어지러운 그래프를 자세히 봐서 어쩌자는 것인가. 왜 청중의 미간을 찌푸리게 만드는가. 뭐가 아쉬워서 그들이 미간까지 찌푸려가며 당신의 발표를 들어야 한단 말인가. 청중은 언제나 '갑'이다. '갑'이 편하게 슬라이드에 집중할 수 있도록 슬라이드를 만들 의무가 '을'에게는 있는 것이다. 그러면 어떻게 해야 할까. 간단하다. 복잡한 슬라이드를 청중과 같이 분석할 생각하지 말고 분석이 끝난 그래프를 보여줘야 한다. 바로 핵심이 단박에 드러나는 그래프 말이다.

핵심이 드러나는
그래프 사용법

1. 범례를 버려라

범례가 없으면 그래프를 이해할 수 없다. 하지만 이는 어디까지나 인쇄물에 해당되는 사항이다. 발표자라는 친절한 안내원이 있는 프레젠테이션에서 범례 같은 군더더기는 필요 없다. 하지만 사람들은 반드시, 무조건, 결사적으로 범례를 집어넣는다. 마치 범례가 없으면 큰일이라도 나는 것처럼 군다. 핵심만 보여주면 될 텐데 범례가 무슨 소용인가. 그리고 그 범례를 도대체 누가 본단 말인가. 어차피 작아서 잘 보이지도 않는다. 범례를 하나하나씩 지정해가며 설명하는 순간 청중은 당신의 슬라이드에 분노할 것이다.

2. y축을 지워라

보통 그래프는 항목을 나타내는 x축과 수치를 나타내는 y축으로 구성된다. 범례가 없는 상황에서 그래프의 내용에 해당하는 x축을 지울 수는 없지만 y축은 이야기가 다르다. 고정된 비율과 간격으로 배치된 숫자가 없더라도 각 포인트 위에 –막대그래프는 막대 위, 꺾은선그래프는 점 위– 숫자를 써 넣으면 되니까 말이다. 특히나 핵심이 되는 포인트가 하나라면 거기에만 숫자를 강조해서 입력하면 훨씬 단순하고 임팩트 있는 그래프를 만들 수 있다. 일일이 y축 눈금 위에 깨알 같은 숫자를 써넣는 삽질을 할 필요가 없다.

3. 조각 장식은 하나만으로 충분하다

원그래프는 면적이 넓고 여러 조각으로 나누어지다 보니 본능적으로 색깔을 칠하려는 욕구가 생긴다. 특히 엑셀이나 파워포인트의 자동 그래프 기능을 이용하면 촌스러운 색깔이 알아서 지정되니 사람들은 당연히 원그래프는 조각별로 색깔이 달라야 한다고 생각하는데 이는 엄청난 착각이고, 고정관념이다.

색깔은 하나만 칠하면 된다. 내가 설명하려는 '바로 그 조각 하나'만 말이다. 생각해보자. 조각별로 색깔을 다 칠해버리면 정작 내가 설명하려는 조각은 강조를 해야 하니 더 진하고 더 화려하게 칠해야 한다. 하지만 하나만 칠하면 그것 자체만으로 강조가 된다. 기억하자. 우리는 지금 색칠 공부를 하는 게 아니다. 프레젠테이션을 하기 위해 슬라이드를 만드는 것이다.

시중에 나와 있는 파워포인트 디자인 관련 책이나 템플릿을 파는 웹사이트에 들어가보면 알록달록하고 휘황찬란한 그래프들이 넘쳐난다. 거기다 인포그래픽이니 뭐니 해서 화려한 그래픽까지 가미된 그래프를 보고 있노라면 왠지 치장을 하지 않으면 안 될 것 같은 압박감에 시달린다. 있지도 않은 미적 감각을 동원하여 그야말로 웃기지도 않는 그래프를 그려대는 것이다.

혼동하지 말자. 우리는 그래프를 설명하기 위해 그래프를 그리는 것이 아니다. 그래프를 보여주기 위해 그래프를 꾸미는 게 아니다. 그래프를 통해서 결과와 핵심을 말하기 위해 그래프를 그리는 것이다. 주객이 전도되면 안 될 일이다.

16

보기 좋게 말고, 보기 쉽게 만들어라

청중이 원하는 건 정보가 아닌 핵심이다

나는 인포그래픽infographic을 배운 적이 없다. 애초부터 관심이 없었다. 처음 인포그래픽을 접한 순간, 본능적으로 알 수 있었다.

'프레젠테이션에서 쓸 일은 없겠군.'

하지만 우리나라 최고의 인포그래픽 전문가 중 한 명인 우석진 씨와의 교류를 통해 인포그래픽의 메인스트림에는 대충 발을 걸치고 있었다. 그럼에도 불구하고 '전혀'라는 수식어를 써가면서까지 프레젠테이션에서의 유용성을 단호히 부정하는 이유는 바로 '단어' 때문이다. 인포그래픽은 정보를 뜻하는 'information'

과 시각적 형상을 뜻하는 'graphic'의 합성어다. 한마디로 정보를 설명하는 그림이라는 뜻이다. 텍스트나 무미건조한 도표만으로 이루어진 정보와 데이터를 감각적인 이미지와 그래프를 통해 보기 좋고 이해하기 쉽도록 만든 것이 바로 인포그래픽이다.

바로 여기에 함정이 있다. 복잡한 정보를 녹여내는 인포그래픽은 필연적으로 많은 텍스트와 이미지를 동반한다. 즉, 내용을 이해하려면 집중해서 자세히 봐야 한다는 뜻이다. 하지만 프레젠테이션은 슬라이드를 충분히 쳐다볼 시간을 허락하지 않는다. 이 세상에 시간이 넉넉한 프레젠테이션은 없다. 만약 있다면 그건 프레젠테이션이 아니라 세미나일 것이다. 특히 자비나 인정이라고는 눈곱만큼도 없는 경쟁 프레젠테이션에 인포그래픽이 끼어들 틈은 더더욱 없다.

청중이 원하는 건 핵심core이지 정보info가 아니기 때문이다.

지루한 프레젠테이션, 어렵고 복잡한 프레젠테이션들은 대부분 심플한 핵심이 아니라 많은 정보를 담고 있다는 공통점이 있다. 청중은 보기 좋은 수많은 정보보다 촌스럽더라도 한눈에 들어오는 핵심과 결론을 보기 원한다. 그게 바로 프레젠테이션이다.

보기 좋은 것은
보기 쉬운 것을 이길 수 없다

물론 인포그래픽이 디자인적으로 훌륭하기에 시각적 즐거움을 얻을 수는 있겠지만 '보기 좋은 것'과 '보기 쉬운 것'은 별개의 문제다. 즉, 보기 좋다고 보기 쉬운 것은 아니라는 뜻이다. 시각적 즐거움만을 좇는 현상의 말로를 소설가 마루야마 겐지Maruyama Kenji는 그의 산문집 《그렇지 않다면 석양이 이토록 아름다울 리 없다》에서 이렇게 설명하고 있다.

"외형의 아름다움에는 빠져들기 쉬운 탓에 일시적으로 많은 팬이 모이고, 그 수가 많아지면 장사도 성공하며, 때에 따라 붐을 일으키기도 한다. 하지만 경박한 아름다움은 오래가지 못하고, 그 붕괴는 곧 눈에 보이게 된다."

인포그래픽이 현재 그렇다. 그전에 키노트Keynote가 그랬고 프레지Prezi가 그랬다. 화려하고 보기 좋은 기능과 스타일에 잠깐 혹해서 뭔가 붐이 일어나는 듯했으나, 여전히 파워포인트가 굳건히 자리를 지키고 있다.

인포그래픽의 존재와 기능 자체를 부정하는 것은 아니다. 브로슈어나 팸플릿 같은 인쇄매체 위에서는 분명 인포그래픽의 집중도가 훨씬 높을 것이다. 누군가 옆에서 친절히 설명까지 곁들여준다면 그 효과는 더욱 커질 것이다. 하지만 인포그래픽이 프레젠테이션 슬라이드 위에 있을 때는 이야기가 다르다. 프레젠테이션의 주인공은 슬라이드가 아니기 때문이다.

다시 한 번 더 강조하지만 슬라이드는 프레젠터가 전하려는 핵심을 청중들이 쉽고 빠르게 이해할 수 있도록 도와주는 보조도구일 뿐이다. 고작 보조도구에 불과한 슬라이드에 인포그래픽은 과분할뿐더러 평범한 직장인과 학생들이 과연 그 엄청난 디자인적 기합을 제대로 집어넣을 수 있을지도 심히 의심스럽다.

최근 파워포인트를 활용한 인포그래픽이라는 주제로 여러 권의 책이 출간되었다. 그중 몇 권을 업자의 눈으로 검토한 결과, 제목에 인포그래픽이라는 단어만 들어갔을 뿐 기존에 출간되었던 파워포인트 실용서들과의 큰 차이점을 느낄 수 없었다. 책에 나와 있는 예제들을 하나씩 따라 한다고 해서 그에 상응하는 디자인 능력이 생길지도 의문이지만 내가 가장 의심스러운 건 인포그래픽에 있어서 가장 중요한 창의적인 아이디어 발상은 어떻게 할 것이냐는 점이다. 창의력이라는 게 연습한다고 해서 보고 따라한다고 해서 생기는 것이 아니라는 것은 삼척동자 똘마니라도 아는 사실이니까.

혹시 인포그래픽을 배우려 하는가. 다른 건 몰라도 프레젠테이션에 도움이 될지도 모른다는 이유로 인포그래픽을 배우려 한다면 쓸데없는 짓 그만하라고 말해주고 싶다. 말 그대로 쓸데가 없기 때문이다.

인포그래픽은 배워야 할 영역이 아니라 업자에게 맡겨야 할 영역이라는 게 내 생각이다. 차라리 가성비 좋은 인포그래픽 디자인 업체를 알아두는 게 낫다. 맡기는 것도 능력이므로.

17

키노트와 프레지, 절대로 배우지 마라

최소한의 슬라이드로 끝낸다

한때 키노트가 유행할 뻔한 적이 있다. 프레지는 잠깐 유행했다. 그리고 2016년에 들어서는 두 프로그램 전부 대한민국에서 '나가리' 됐다. 나가리의 이유를 한 문장으로 비유하자면 이렇다.

"현미가 아무리 몸에 좋아도 흰 쌀밥을 이길 수는 없다."

나는 두 프로그램을 한 번도 써 본 적이 없다. 심지어 프레지는 구경도 못했다. 써보지도 않고 나가리 운운하는 게 이치에 맞느냐고 따질 필요는 없다. 프레젠테이션으로 빌어먹고 사는 내가 무지에 가까운 무관심을 보였음에도 불구하고 먹고사는데 아무런 지장을 받지 않았다는 사실이 현재 이 두 프로그램이 어떤 위치에 있는지 잘 설명해주고 있다. 필요했다면, 배울 가치가 있었다면 누구보다 먼저 키노트와 프레지를 배웠을 것이다.

사실 키노트가 더할 나위 없이 아름답고 멋진 프로그램이라는 사실은 애플의 프레젠테이션을 통해 이미 검증이 끝났고, 프레지 역시 한때 사람들이 좋다고 떠들어댔으니 그것도 좋다고 해두자. 그런데 문제는 많은 기업과 관공서에서는 여전히 파워포인트를 쓰고 있다는 점이다. 아무리 내가 키노트와 프레지로 프레젠테이션 문서를 기막히게 만들었다고 해도 다른 사람과 호환과 공유가 안 되니 소용이 없다. 그렇기 때문에 프로그램에 대한 단순한 호기심이 아닌 비즈니스의 메인스트림에서 활용할 목적으로 두 프로그램을 배우려 한다면 이는 완벽한 시간 낭비다.

시간 낭비에 대한 개념을 좀 더 설명하자면 우연히 인터넷에서 '저녁이 있는 삶'이라는 주제의 파워포인트 공개강좌 광고를 본 적이 있다. 의도는 알겠다. 파워포인트의 필살 기능들을 배워서 슬라이드를 빨리 만들고 일찍 퇴근하자는 의도일 것이다. 하지만 중요한 건 그게 아니다. 얼마나 좋은 프로그램을 쓰느냐, 얼마나 많은 기능을 알고 있느냐가 아니라 '얼마나 적은 기능으로 최대한의 효과를 낼 수 있느냐'가 중요한 것이다. 슬라이드를 가장 잘 만드는 사람은 멋지고 화려하게 그리고 빨리 만드는 사람이 아니라, 최소한의 기능과 슬라이드만으로 프레젠테이션을 끝내는 사람이다.

파워포인트, 하나에 집중하라

감히 단언하건데 파워포인트를 뛰어넘는 프로그램은 얼마든지 나올 수 있지만, 파워포인트를 시장에서 밀어낼 프로그램은 나올 수 없을 것이다. 왜냐하면 파워포인트는 새로운 버전이 나올 때마다 다른 프로그램들의 기능과 장점을 스펀지처럼 흡수하고 있기 때문이다. 대국을 거듭할수록 무섭게 진화하는 알파고라고나 할까? 키노트의 화려한 화면 전환 효과와 포토샵의 필터 기능을 추가한 2013 버전이 그 증거다. 이런 마당에 굳이 비용과 시간을 들여가며 파워포인트를 버리고 새로운 프로그램으로 갈아탈 기업과 기관이 있을까? 이제 파워포인트는 대한민국에서 바바리요, 라이방이다. "프레젠테이션은 곧 파워포인트다."라는 인식이 뿌리 깊게 박혀 있는 것이다. 그 세력이 너무 커져버려서 나라에서도 어쩌지 못하는 야쿠자처럼, 현재 파워포인트는 그런 존재다.

다시 한 번 강조하지만 슬라이드는 보조도구다. 그 보조도구를 만들기 위해 사용하는 것이 파워포인트다. 고작 보조도구를 만드는 것에 불과한 프로그램에 우리는 너무 많은 시간과 정력을 쏟고 있다. 이미 파워포인트만으로 충분하다. 15년 넘도록 파워포인트를 쓰고 있는 나도 그 기능을 다 알지 못한다. 클릭 한 번 안 해본 메뉴가 수두룩하다. 그런데도 파워포인트는 새로운 버전이 나올 때마다 괴물 같은 기능들을 달고 나온다. 파워포인트 하나만 제대로 배우기에도 우리 인생은 너무나 짧다.

이러한 파워포인트를 배우는 방법과 경로에는 여러 가지가 있다. 책을 보면서 차분히 독학을 하는 것도 좋은 방법이지만 빠른 시간 안에 실무에 바로 사용할 수 있는 '킬러 스킬'을 배우고자 하는 직장인에게는 강의를 듣는 방법도 효과적이다. 추천할 만한 강의로는 마이크로소프트 파워포인트 MVPMost Valuable Professionals로 활동하고 있는 김지훈 씨 강의가 있다.

세계 최대 파워포인트 커뮤니티인 네이버 '파워포인트 전문가 클럽(cafe.naver.com/powerpoint)'의 운영자이기도 한 그는 '프라미스'라는 닉네임으로 더 유명한데, 이미 많은 파워포인트 강의를 통해 그 실력과 효과를 입증받고 있다.

- **블로그** http://blog.naver.com/knight07
- **메일** knight07@naver.com

18

동영상 하나면 끝이다

최고의 콘텐츠는 실제로 보여주는 것

2013년 5월 8일. 그레이트 아메리칸 볼 파크Great Amercian Ball Park에서 벌어진 신시내티 레즈Cincinnati Reds와 애틀랜타 브레이브스Atlanta Braves의 경기에서 9회 말 추신수 선수가 극적인 끝내기 홈런을 터뜨렸다. 추신수가 그라운드를 도는 동안 경기장엔 폭죽이 터지고 감독이 덩실덩실 춤을 추며 선수들과 함께 그라운드로 뛰어나올 만큼 극적인 홈런이었다.

이런 드라마틱한 장면을 친구에게 설명 한다고 가정해보자. 침을 튀겨가며 열심히 설명한들 친구는 그날의 벅찬 감동을

1/100도 느끼지 못할 것이다. 그 대신 당시 상황을 극적으로 포착한 사진을 보여준다면 어떨까. 물론 없는 것보단 낫겠지만 사진 1장으로 그날의 감동을 고스란히 전달받기는 힘들 것이다.

그렇다. 아무리 현실감 있게 설명한다고 해도, 퓰리처상 수상자의 귀싸대기를 후려갈기는 수준의 사진을 수십, 수백 장 보여준다고 해도 직접 본 만큼의 감동은 못하는 것이다. 물론 이는 현실적으로 불가능하다. 타임머신을 타고 과거로 돌아가지 않는 한 말이다. 하지만 우리에게는 유튜브라는 괴물이 있지 않은가. 유튜브 검색창에 '추신수 끝내기 홈런'이라고 치면 그날의 극적인 장면을 원 없이 돌려볼 수 있다. 설명이고 사진이고 필요 없다.

클라이언트에게 신규 매장의 입지를 설명한다고 가정해보자. 제일 좋은 방법은 직접 현장에 데려가서 보여주는 것이다. 하지만 미치지 않고서야 프레젠테이션을 하다 말고 "현장으로 같이 가실까요? 직접 보여드리겠습니다."라고 할 수는 없는 일이다. 때문에 구글이나 네이버 같은 포털 사이트에서 제공하는 위성사진을 다운로드 받아 디자이너의 손길을 거쳐 보기 좋게 편집하여 보여주는 것이 현실이다.

하지만 조금만 더 투자하면 직접 가본 것만큼의 효과를 낼 수 있는 방법이 있다. 항공 촬영을 해버리는 것이다. 이보다 더 확실한 자료가 어디 있단 말인가. 항공 촬영이라고 하면 엄청난 비용과 시간, 그리고 복잡한 절차를 떠올리기 쉬운데 요새가 어떤 시대인가, 마트에서 드론을 파는 시대다. 그리고 인터넷에 들어가보면 굳이 비행기가 아니라도 작은 헬리캠으로 너무나 멋진 조감 영상을 제공하는 항공영상 촬영업체들이 수두룩하다. 비용 대비 효과도 훌륭하다.

다만 지역과 위치에 따라 군부대 등의 관계 기관에 사전 허가를 받아야 할 수도 있으니 허가에 소요되는 시간을 감안하여 촬영 일정을 넉넉히 잡아두어야 한다. 관련 절차는 영상업체들이 꽉 잡고 있으니 신경 쓸 필요 없다.

고객과 청중을 등장시켜라

최근 동영상의 힘을 제대로 활용했던 사례는 '재규어 랜드로버 동대문 지역 신규딜러사업자 선정' 경쟁 프레젠테이션에서였다.

당시 재규어의 엔트리급 모델인 'JAGUAR XE' 출시를 앞두고 있었기 때문에, 당연히 XE의 프로모션 방안을 프레젠테이션으로 설명해야 했다. 그동안 재규어는 럭셔리 세단이라는 이미지와 높은 가격 때문에 여성 고객의 확보가 타 외제차 브랜드에 비해 현저히 낮은 편이었다. 하지만 XE는 가격이나 디자인 면에서 기존의 재규어와는 확실히 달랐고 색깔 또한 러블리한지라 여성 고객들에게 확실히 어필할 수 있는 모델이었다. 문제는 명분이었다. 왜 XE를 여성 대상으로 프로모션해야 하는지 그 명분이 필요했다. 가장 기본적인 방법으로는 예상 여성 고객들을 대상으로 설문조사를 하는 것이었는데 일단 귀찮기도 하거니와 시간도 없었다.

그래서 생각한 방법이 예비 고객을 섭외하여 인터뷰 영상을 촬영하는 것이었다. 수소문 끝에 현재 K9을 타고 있으며 럭셔리 잡지 편집장을 맡고 있는 30대 후반의 여성 고객을 섭외할 수 있었다. 무엇보다 이미 XE의 존재를 알고 있음은 물론 출시일만을 기다리고 있는 그야말로 예비 고객이었기 때문에 안성맞춤이었다. 촬영은 이태원의 한 카페에서 이루어졌고 조명이나 화려한 장비 없이 내가 삼각대와 디지털 카메라만 달랑 들고 가 리허설 없이 10분 만에 촬영을 끝내버렸다.

인터뷰 영상은 실제로 재규어 랜드로버 코리아 관계자들의 높은 집중도와 반응을 이끌어냈다. 인터뷰 속 예비 고객이 엄청 대단한 말을 한 것도 아니었다. 중요한 건 자신들(재규어 랜드로버 코리아)의 고객이 될지도 모르는 사람이 자신들의 제품(재규어 XE)에 대해서 '뭐라고' 떠들었다는 사실이다. 이는 굉장히 중요한 장면이다. 왜냐하면 클라이언트는 프레젠터의 말 백 마디 보다 고객의 말 한마디에 더 집중하고 의미를 부여하기 때문이다.

제주도에 오픈하는 국제학교의 가구납품 경쟁 프레젠테이션을 준비할 때는 제주도까지 내려가 입학을 앞둔 예비 학부모들을 섭외하여 "우리 아이는 이러한 디자인과 품질의 가구를 썼으면 좋겠어요."라는 취지의 인터뷰 영상을 촬영했다. 이것 역시 가구 업자들이 백날 떠드는 것보다 클라이언트(학교 관계자)의 고객인 예비 학부모의 의견이 훨씬 더 중요했기 때문이다.

클라이언트를 집중시키고 싶은가? 그렇다면 그들의 고객을 등장시켜라. 그들에게 고객의 목소리만큼 민감하고 중요한 사안은 없다. 이쯤 되면 눈치 빠른 독자들은 깜짝 프레젠터로 누굴 내세워야 하는지 감이 올 것이다. 그렇다고 동영상을 너무 남발해서도 안 된다. 뭐든지 과유불급이다. 남발되는 애니메이션 효과가 더 이상 효과를 보여주지 못하듯 동영상도 적절한 시간과 타이밍에 등장해야지 시도 때도 없이 남발되면 이 역시 살아 움직이는 효과를 기대하기 어렵다.

다시 한 번 말하지만 프레젠테이션 최고의 콘텐츠는 실제로 보여주는 것이다. 하지만 현실적으로 불가능하다면 가장 근접한, 오히려 실제보다 더 극적으로 보여줄 수 있는 대안이 바로 동영상이다. 파워포인트 꾸미는 데 투자할 예산과 시간을 아껴서라도 당신의 본질을 제대로 보여줄 동영상을 반드시 만들어라.

이 세상에 동영상을 이기는 콘텐츠는 없다. 현재까지는.

19

지금 당장 목차를 날려라

목차부터 버려라

우선 촌스럽기 그지없는 표지가 첫 슬라이드를 장식한다. 나름 디자인을 해보지만 내용이나 핵심과는 상관없는 밑도 끝도 없이 화려하기만 한 디자인이 촌스러움을 더할 뿐이다. 다음엔 뭐가 나올까. 바로 목차다. 백이면 백, 표지 다음엔 목차가 나온다.

프레젠테이션을 위해 반드시 거쳐야만 하는 통과의례인 양 사람들은 목차를 빼먹지 않는다. 인터넷에서 불티나게 팔리고 있는 파워포인트 템플릿을 보더라도 목차는 빠지지 않고 템플릿 패키지 구성에 포함되어 있다.

사람들이 목차라는 덫에 얼마나 깊게 빠져 있는지 그 심각성을 뼈저리게 체감한 경험을 소개하고자 한다. 전국 전문대 학생들을 대상으로 우수한 인원을 선발하여 무료로 해외 직업 교육을 시켜주는 정부 주도의 프로그램이 있다. 최종 면접은 심사 위원 앞에서 자신의 열정과 계획을 학생들이 직접 프레젠테이션 하는 것이었는데, 해당 학교에서 프로그램의 중요성을 인식하고 나를 일일 컨설턴트로 초빙한 적이 있었다.

컨설팅은 학생들이 한 명씩 나와 자신이 준비한 슬라이드를 가지고 프레젠테이션을 하면 내가 코멘트를 달아주는 방식으로 진행되었다. 그날 50여 명의 학생들이 시연을 했는데 마치 약속이라도 한 듯이 표지 다음에 어김없이 목차가 나왔다. 오죽했으면 내가 "이제부터 목차 날리라는 말은 안 할 테니 알아서들 날려라."라고 말할 정도였다. 학생들은 대부분의 발표자들이 가장 많이 빠지는 '독고다이 오류'에 갇혀 있었다. '내가 이번 프레젠테이션의 주인공이며 청중은 오직 나의 프레젠테이션에만 집중할 것'이라는 착각이 이러한 오류에 빠지게 만든다.

최종 면접은 그 학교 학생들뿐만 아니라, 전국에서 모인 수백 명의 학생들이 같은 날 프레젠테이션을 하는 것이었다. 물론 학생들도 이 사실을 알고 있었다. 생각해보자. 대학생들이 발표하는 내용이 다르면 얼마나 다르고 기발하면 얼마나 기발하겠는가. 대부분 비슷할 것이다. 물론 심사위원들도 처음에는 좋은 학생을 선발하기 위해 집중해서 듣겠지만 집중력에도 한계가 있기 마련이다. 수백 명의 발표를 계속해서 집중해 듣기란 절대 쉽지 않다.

그런데 거기다 대고 목차나 읊고 있어야 되겠는가. 한 타임이라도 빨리 자신만의 강점을 어필해야 한다. 내가 왜 이번 프로그램에 뽑혀야 하는지, 그러기 위해 나는 어떤 준비를 해왔는지 핵심이 바로 튀어나와야 한다. 이후에 해당 학교 담당자로부터 다행히 많은 학생들이 프로그램에 선발되었다는 소식을 들었다. 나는 믿는다. 이건 순전히 목차를 날린 결과라고. 물론 목차 하나 날린 것 가지고 결과 운운하는 내가 어이없을 수도 있다.

여기서 중요한 것은 목차를 없앰으로 해서 프레젠테이션이 치고 나가는 힘과 추진력이 달라졌다는 것이다. 어쩌면 그날 학생들에게 내가 해준 최고의 조언은 목차를 버리라고 한 점이 아닐까 한다. 아니 그렇게 믿고 있다.

그 누구도 목차를 읽지 않는다

청중의 집중력이 가장 높은 시간대가 언제일까? 바로 발표를 시작하자마자 첫 1분이다. 아무리 비호의적인 청중일지라도 첫 1분은 집중하게 마련이다. 그런데 그 금쪽같은 시간을 의미 없는 목차나 읊어대는 데 쓴다는 게 말이 되나. 더욱 안타까운 점은 막상 현장에서는 그 어느 누구도 거들떠보지도 않는 목차 디자인에 너무 많은 시간을 허비한다는 사실이다. 바로 그 빌어먹을 템플릿에 목차가 포함되었다는 이유로 말이다. 프레젠테이션 디자이너 시절, 설계사 팀장들과 목차 디자인을 놓고 갑론을박을 벌이던 대형 건설사 시공사 팀장을 나는 똑똑히 기억하고 있다. 누적된 야근과 철야로 인해 몸과 마음이 피폐해질 대로 피폐해진 사람들을 모아다놓고 고작 목차에 들어갈 막대기 디자인이나 신경 쓰고 있었던 것이다.

이런 일들은 너무 많이 일어난다. 나름 똑똑하다는 사람들이, 배울 만큼 배웠다는 사람들이 왜 이런 어처구니없는 행태들을 보이는지 정말 이해할 수가 없다. 뻔한 진단을 내리고 싶지는 않지만 주입식 교육의 폐해라고밖에는 설명할 길이 없을 것 같다. 모든 문서와 발표 자료에는 목에 칼이 들어와도 반드시 목차가 들어가야 한다는 무식한 신념이 대한민국의 모든 프레젠테이션 자료에 목차를 집어넣게 만들었다고 나는 믿는다. 그러지 않고서는 도저히 이러한 행태가 설명이 되지 않는다. 목차는 보고서와 프레젠테이션을 혼동하던 시대에 청산되지 못하고 남은 잔재일 뿐이다.

아무도 목차를 신경 쓰지 않는다. 지금 프레젠테이션이 목차대로 진행되고 있는지 체크하며 듣는 청중도 없다. 그러니 지금 당장 목차를 버려라. 목차를 날려라. 당신의 프로젝트를 날리고 싶지 않다면.

목차와 함께 청중의 집중력을 빼앗는 슬라이드가 있으니 바로 '회사 소개'다. 목차만큼이나 습관적으로 프레젠테이션 초반에 등장하여 귀중한 시간을 허비하게 만든다. 굳이 회사 소개를 초반에 할 필요가 있을까? 물론 회사를 소개하는 것이 이번 프레젠테이션에서 중요한 역할을 하거나 결정적인 메리트를 가지고 있다면 당연히 그렇게 해야 할 것이다.

하지만 고작해야 회사의 기본적인 개요나 읊어대는 정도라면 생략하거나 후반부에 배치해야 한다. 중요한 건 "이 회사에서 뭘 만들었느냐?"이지 "어떤 회사가 만들었느냐?"가 아니기 때문이다.

20

발표용과 제출용, 2가지로 준비하라

업자로 살아오면서 끔찍한 프레젠테이션 슬라이드를 참 많이도 만들었다. 물론 하늘과도 같은 클라이언트의 요청에 의해서 말이다. 글씨는 끔찍하게 작고 그 작은 글씨들은 더 끔찍하게 들어차 있다. 그 좁은 사이를 이미지와 그래프 그리고 표까지 비집고 들어와 자리를 잡는다. 샘플을 보여주고 싶지만 그런 끔찍한 이미지로 이 책을 더럽히고 싶지 않다.

이런 끔찍한 슬라이드의 원흉은 전작에서도 밝혔듯이 파워포인트를 인쇄용 워드 프로세서로 인식하고 사용해온 직장 선배들의 잔재가 가장 크지만, 다행히도 이러한 오남용은 많은 교육과 정보를 통해 점점 사라지고 있는 추세다. 또 요즘 대학생들 역시 프레젠테이션과 슬라이드의 개념을 충분한 교육을 통해 탑재하고 있기 때문에 앞서 말한 비주얼 테러 수준의 파워포인트 슬라이드가 자취를 감추는 건 이제 시간문제다.

끔찍한 슬라이드에 대한 변명

그럼에도 불구하고 끔찍한 슬라이드들은 여전히 넘쳐난다. 공무원 사회는 말할 것도 없고 일반 회사들에 비해 상대적으로 많은 교육의 혜택을 받고 있는 대기업 직원들의 파워포인트도 심각한 수준이다. 물론 몰라서, 말 그대로 무지해서 그렇다면 문제가 되지 않는다. 말 그대로 몰라서 그러는 경우라면 배워서 깨달으면 된다. 진짜 문제는 알면서도 그러는 경우다. 보이지도 않고 읽기도 힘든데 왜 이리 글자를 많이 써넣느냐는 질문에 대한 가장 많은 대답은 이랬다.

"인쇄용으로도 써야 해서 어쩔 수 없습니다."

정말 그럴듯한 대답이다. 발표만 하는 것이 아니라 슬라이드를 그대로 인쇄해서 배포용이나 제출용으로 써야 한다는 것이다. 그러면 발표용과 인쇄용을 따로 만들면 되지 않느냐는 질문에 대한 가장 많은 대답은 이랬다.

"제안 요청서에 나와 있습니다. 제출한 파일로 발표하라고요."

그렇다면 할 수 없다. 발주처에서 그렇게 하라면 군말 없이 해야 한다. 그리고 여기서 말하는 발주처는 대부분 공기관이나 공기업인데 정말이지 난 그 양반들의 정신 상태가 궁금해 미칠 지경이다. 발표용과 인쇄용을 같이 사용하라는 말도 안 되는 지침에 왜 이토록 집착하는 걸까? 물론 나름대로 이유는 있을 것이다. 심사의 공정성을 위하는 뜻일 수도 있고 쓸데없는 디자인으로 치장해서 심사위원들을 현혹시키지 말라는 뜻일 수도 있다. 그렇기 때문에 컬러도 안 되고 애니메이션 효과도 쓸 수 없으며 그러데이션이나 입체 효과 같은 장식도 안 되는 경우가 허다하다.

이럴 거면 아예 프레젠테이션은 생략하고 곧바로 질의응답으로 넘어가는 게 어떨까. 그러면 굳이 제안서를 파워포인트로 만들 필요도 없다. 한글이나 워드로 만들면 될 테니까.

하지만 현실은 현실이다. 어쩔 수 없이 발표용과 제출용을 겸해야 한다면 무조건 제출용에 맞춰 슬라이드 작업을 해야 한다. 철저히 인쇄용으로 작업해야 한다는 뜻이다. 배포 자료가 제출되면 청중은 무조건 배포 자료만 쳐다본다. 그게 사람 심리다. 그리고 어차피 자기가 읽고 있는 자료와 슬라이드 내용이 똑같은데 무엇하러 목 아프게 슬라이드를 쳐다보겠는가. 어차피 발표자는 가만히 서서 앵무새처럼 슬라이드에 있는 글자를 읽을 뿐인데 말이다. 그러니 어중간하게 발표용과 제출용을 다 만족시키겠다는 이상한 생각은 집어치우고 무조건, 무조건 제출용(인쇄용)에 맞춰서 작업해야 한다.

하지만 발주처의 특별한 제약이 없음에도 불구하고 발표용과 제출용을 겸해서 만드는 경우가 있다. 이게 도대체 뭐 하는 짓이냐는 질문에 대한 대답은 대부분 이랬다.

"어차피 사람들이 인쇄 자료만 보지 슬라이드는 잘 안 봐요."

어찌나 진지하고 엄숙하게 대답을 하든지 하마터면 속을 뻔했다. 청중들이 슬라이드를 안 보는 이유는 크게 두 가지다. 첫째는 두 자료의 차이가 없기 때문이고 둘째는 프레젠터의 발표가 정말 최악이기 때문이다. 그렇다면 어떻게 해야 할까? 간단하다. 앞서 언급한 대로 우선 자료를 발표용과 배포용으로 이원화하여 만들어야 하고 발표 연습도 더 많이 해야 한다. 하지만 그렇게 하지 않는다. 시간이 없기 때문이다. 하지만 정말 시간이 없기 때문일까? 그냥 귀찮아서 만들기 싫고 연습하기 싫은 것이다.

열정과 귀찮음 사이

이 장의 주제와는 상관없는 이야기지만 귀찮음에 관한 나의 단상을 적어보고자 한다. 바로 열정에 관한 이야기다. 프리랜서라는 직업의 특성상 그리고 개인적인 성향상 주체할 수 없는 아이디어가 떠오르곤 한다. "이건 할 만하다." "기기 막힌 아이디어다."라는 판단이 서면 나는 그걸 열정이라는 이름으로 포장하여 가져간다. 대상은 바로 공무원과 직장인 들이다. 사람들은 농담 반 진담 반으로 "공무원들이 어쩌고, 공무원 사회는 이래서 안 되고" 하면서 비하하지만 나는 그렇게 생각하지 않는다. 최소한 그들은 재를 뿌리지는 않으니까.

무슨 말인고 하니, 내가 활활 타오르는 열정을 가지고 그들에게 다가가면 그들은 내 열정이 너무 뜨거워서 그러는지 어쩌는지 모르겠으나 대부분 저 멀리 피해버린다. 즉, 아무런 피드백이 없다는 뜻이다. 이메일을 보내도 아무런 반응이 없다. 하지만 내 열정은 여전히 활활 타오르고 있다. 무반응에 워낙 이골이 나 있기 때문이다. 문제는 직장인들이다. 이들에게 내 뜨거운 열정을 보여주면 "이거 뭐야, 너무 뜨겁잖아!" 하면서 저 멀리 도망가는 것도 모자라, 양동이에 물을 길어 와서는 찬물을 확! 끼얹어버린다. 열정을 꺼트려버리는 것이다.

물론 나의 열정이 반응을 보일만한 가치도 없을 정도로 형편없을 수도 있다. 하지만 오랜 세월 프레젠테이션이라는 한 우물만 판 업자가 제시하는 열정이 항상 똥으로만 가득 차 있지는 않을 것이다. 피하든, 찬물을 부어버리든 나는 모두 귀찮음이라고 본다. 뭐든 새로 하려면, 안 하던 방법을 시도하려면 귀찮은 법이다. 그렇게 한다고 월급이 오르는 것도 아니고 보너스가 나오는 것도 아니니 말이다. 오히려 퇴근 시간만 늦어질 뿐이다. 다 그런 건 아니겠으나 내가 경험한 바로는 그렇다는 말이다.

인쇄용과 발표용을 구분해서 만들어야 하며 당연히 연습도 더 많이 해야 한다는 말에 흔들리는 동공과 순식간에 흙빛으로 변해 버리는 그들의 얼굴을 보고 있노라면 나도 더 이상 어찌할 수 없는 무력감을 느낀다. 야생마처럼 자유롭게 뛰어다니는 프리랜서인 나도 가끔씩 귀찮음과 차가워져 버린 열정에 몸서리칠 때가 있는데 조직에 얽매여 있는 이들이야 오죽할까. 그럼에도 불구하고 발표용과 인쇄용을 완벽히 구분하는 수고와 노력을 아끼지 않은 조직은 분명히 있다.

그리고 그러한 조직들은 내가 경험한 바로는 대부분 좋은 결과물을 받아 들었다. 그러한 열정과 수고를 마다하지 않는 클라이언트를 만나면 나 역시도 없던 열정까지 솟아오름을 느낀다. 열정이든 체념이든 전염되니까 말이다.

현직 프레젠테이션 마스터가 말한다!

청중의 시선을 슬라이드로 돌리는 방법

청중이 배포 자료에만 시선을 떨구고 있는 모습을 보고 싶지 않다면 아래와 같은 방법을 추천한다.

1. 표지를 다르게 만들어라

표지가 같으면 청중은 같은 자료라고 생각한다. 하지만 책상에 놓여 있는 자료와 슬라이드에 띄워져 있는 자료의 표지가 다르면 별개로 인식한다. 제대로 된 표지는 슬라이드에 띄우고 배포용 자료에는 큰 글씨로 '참고자료'라고만 건조하게 써놓으면 청중은 두 자료의 차이를 인식하게 될 것이다.

2. 배포 자료에는 없는 '인트로'를 만들어라

프레젠테이션이 시작되었는데 프레젠터가 말하는 내용과 슬라이드가 배포 자료에는 없다면 자연히 청중의 시선은 슬라이드로 향하게 되어 있다. 간단하다.

3. 발표와 질의응답 사이에 쉬는 시간을 둬라

만약 프레젠테이션 자체를 컨트롤할 수 있는 호스트의 입장이라면 발표가 끝난 후 질의응답 시간 사이에 쉬는 시간을 둬서 청중들이 질문할 내용을 충분히 검토할 수 있는 시간을 주는 것도 하나의 방법이다.

그들이 슬라이드를 보지 않는 이유 중 하나가 곧바로 이어지는 질의응답 시간에 질문할 거리를 찾으려 하기 때문이다. 물론 발표 시작 전에 질의응답 사이에 인터미션이 있다는 공지를 사전에 해두어야 할 것이다.

이상은 말 그대로 임시방편일 뿐이다. 가장 확실한 방법은 발표용과 제출용을 따로 만드는 것이다. 그것뿐이다.

PART 3

발표는 그런 것이 아니다

[
진심만 전해진다면
사투리로 욕을 해도 상관없다.
중요한 것은
'어떻게' 전달하느냐가 아니라
'무엇을' 전달하느냐다.
]

21

머리가 아니라 몸이 기억하게 하라

발표력을 향상시키는 방법?

대학에서 '발표력'에 관한 특강을 할 때마다 학생들에게 보여주는 영상이 있다. 도올 김용옥 선생의 강의 영상인데 내용은 이렇다. 도올 선생이 대학시절 그 당시로는 드물게 외국유학을 다녀온 사학과 교수님의 특강을 듣고 감명을 받아 손을 들고 당당히 질문을 했다.

"선생님, 저도 선생님처럼 외국에서 마음껏 공부하며 유학생활을 하고 싶은데 어떻게 해야 됩니까?"

그리고 돌아온 교수님의 대답.

"어, 영어만 잘하면 돼."

그 말을 듣고 충격을 받은 도올 선생은 그날부터 지독하게 영어 공부에 몰두했다고 한다.

'발표력의 사전적 의미는 생각이나 주장을 말로써 공개적으로 나타내어 알릴 수 있는 능력'이다. 현대인들에게 정말 필요한 능력이 아닐 수 없다. 물론 욕심도, 목표도, 야망도 없이 그저 평범하게 살고 싶은 사람에겐 필요 없는 능력이지만 한 번 사는 인생 "제대로 쇼부 한 번 쳐보겠다."라고 생각하는 야심가라면 반드시 갖춰야 할 능력이다.

하지만 안타깝게도 발표력을 향상시키는 방법은 이 세상에 존재하지 않는다. 수많은 스피치 강사들과 학원들이 발표력 향상이라는 상품을 만들어 팔고 있지만 내 생각은 이렇다.

"그러한 상품들은 효과가 없거나, 있다고 하더라도 굳이 돈 내고 배울 필요는 없다."

내가 스피치 업계에 무슨 억하심정이 있어서 이런 말을 하는 것이 아니다. 10년이 넘는 세월 동안 실전 프레젠테이션 바닥을 온몸으로 뒹굴면서 직접 보고 느낀 경험을 통해서 내린 결론이다.

잘하기보다 제대로 하라

우리는 흔히 다음과 같은 조건을 갖추면 발표를 잘한다고 한다, 매력적인 목소리, 청중을 사로잡는 카리스마, 부드럽고 세련된 제스처, 자연스러운 유머감각, 단정하고 호감 가는 외모와 복장, 멋진 슬라이드…. 그리고 위와 같은 조건들을 소위 '스킬'이라고 부른다. 인정한다. 이러한 스킬들은 분명 당신의 발표에 날개를 달아줄 것이다. 하지만 그전에 반드시 알아야 할 사실이 있다. 바로 발표는, '잘하기 전에 제대로 할 줄 알아야 한다.'는 사실이다.

그렇다. 저러한 스킬들을 배워서 발표를 잘 하기 전에, 제대로 할 줄 알아야 한다. 다시 말해 발표에 관한 스킬을 받아들일 준비가 되어 있어야 한다는 뜻이다. 자전거를 예로 들어보자. 자전거를 배우려는 사람은 누구나 자전거를 잘 타고 싶어 한다. 대충, 어설프게 타기 위해 자전거를 배우는 사람은 없다. 하지만 자전거를 잘 타기 위해서는 먼저 자전거를 제대로 탈 줄 알아야 한다. 그럼 자전거를 제대로 탄다는 건 무엇인가. 나는 이렇게 정의한다.

'스스로의 힘으로 균형을 잡고 페달을 밟을 수 있는 상태'

이럴 때 우리는 자전거를 제대로 탈 줄 안다고 하는 것이다. 자전거를 잘 타기 위한 스킬을 받아들일 최소한의 준비 상태를 말하는 것이다. 일단 균형을 잡을 줄 알아야 뭐라도 배울 것 아닌가.

하지만 이렇게 자전거를 제대로 탈 줄 알기 위해서는 반드시 거쳐야 하는 과정이 있다. 아무리 운동 신경이 뛰어난 사람도 절대 이 과정을 피해갈 수 없다. 바로 '고난의 시간'이다. 넘어지고, 부딪히고, 까지고, 피나고, 다치고, 울고불고하는 과정 말이다. 이러한 과정을 거쳐야만이 비로소 넘어지지 않고 균형을 잡을 수 있는, 즉 자전거를 제대로 탈 줄 아는 상태가 되는 것이다.

머리가 아닌 몸이 하는 것이다

사진 속 여자의 뒷모습을 보자. 극도의 불안과 긴장상태라는 걸 한눈에 알 수 있다. 어쩔 줄 몰라 하는 기운이 여기까지 느껴질 정도다. 아마 속으로는 죽을 맛일 거다. 사진 속 여자는 자신이 왼손으로 오른쪽 팔꿈치를 잡고 있다는 걸 알까? 자신의 오른쪽 발목이 무참히 꺾여 있다는 사실을 알까? 절대 모른다. 사람은 극도로 긴장하면 자신이 무슨 짓을 하고 있는지 모르기 때문이다. 순간적으로 자아를 잃어버리는 것이다.

저 여자는 지금 자기가 무슨 말을 하고 있는지조차 모를 것이다. 이유는 뭘까? 간단하다. 지금 이 상황이 낯설기 때문이다. 청

중 앞에서 말을 해본 적도 없을뿐더러 수많은 시선을 온몸으로 받아내는 무지막지한 경험 역시 처음이기 때문이다. 지금 이 상황이 너무 낯설고, 공포스러울 뿐이다. 이렇듯 무대 경험이 거의 전무한 사람에게 소위 발표 잘하는 방법이나 스킬을 알려준다고 가정해보자. 이렇게 말이다.

"자, 다리는 어깨 넓이만큼 벌리시고요, 목소리는 복식호흡을 하시는 겁니다. 시선은 골고루 배분하시고요, 제스처는 최대한 자연스럽게. 아셨죠? 아, 미소 짓는 것 잊지 마시고요."

이런 교육이 저 여자에게 과연 효과 있을까? 앞서 예로 든 자전거로 다시 돌아가보자. 이제 겨우 뒤뚱거리며 균형을 잡고 있는 사람에게 두 손을 놓고 타는 방법을 알려주는 게 의미가 있을까? 자전거를 잘 타기 위한 스킬을 배우려면 일단 균형을 잡고 제대로 탈 줄 알아야 한다. 그러려면 앞서 말한 바와 같이 자빠지고, 벽에 처박고, 까지고, 피나고, 울고불고하는 과정을 반드시 거쳐야만 한다.

발표도 마찬가지다. 발표를 잘 하기 위해 뭔가를 배우고자 한다면 즉, 전문가에게 스킬 하나라도 배우려면 우선 발표를 제대로 할 줄 알아야 한다. 그러려면 어떻게 해야 할까? 앞에 나가서 망신도 당해보고, 실수도 해봐야 한다. 입에 침이 바싹 말라버리거나 머릿속이 백지처럼 하얗게 변해버리는 신기한 경험도 해봐야 한다. 이런 과정을 거쳐야만 "발표라는 게 이런 거구나. 사람들 앞에서 마이크를 잡는다는 게 이런 느낌이구나." 하고 내 몸이 기억하게 되는 것이다.

여기서 중요한 건 머리가 아니라 몸이 기억한다는 점이다. 자전거를 넘어지지 않고 탈 수 있는 이유 역시, 내 몸이 균형 감각을 기억하고 있기 때문이다. 그러니까 넘어지지 않는 것이다. 발표 역시 많은 경험을 통해 사람들 앞에서 마이크 잡는 느낌을 몸이 기억하게 되면, 비로소 두 발로 균형을 잡고 청중 앞에 제대로 설 수 있다. 즉, 스킬을 받아들일 준비가 됐다는 뜻이다. 머리로 기억하는 건 아무 소용없다. 발표는 몸이 하는 것이지 머리로 하는 것이 아니기 때문이다.

인간적으로 내 것이 아니면 하지 말자

그런데 문제는 발표를 제대로 할 준비가 되어 있지 않음에도 불구하고 억지로 스킬을 구사하는 사람들이 있다는 것이다. 물론 문제의 첫 번째 원인은 스킬을 받아들일 준비가 되어 있지 않은 사람들에게 스킬을 주입한 약장수들에게 있다.

이러한 부작용의 가장 큰 피해자는 안타깝게도 대학생들이다.

프레젠테이션 경진 대회 심사를 하면서 그리고 유튜브를 통해 여러 대회의 영상을 보면서 사태의 심각성을 느낄 수 있었다. 심지어 발표 좀 한다는, 본선에 올라온 학생들에게도 거의 똑같은 문제점을 발견할 수 있었다. 바로 미치도록 어색하다는 것이다. 처음에는 이유를 몰랐지만 금방 원인을 찾아낼 수 있었다.

일단 복장이 문제였다. 전부 정장을 입고 발표를 했는데 평소 캐주얼만 입던 학생들이 갑자기 정장을 차려 입고 사람들 앞에서 발표를 하려니 어색하지 않은 게 오히려 이상할 일이었다. 정장도 낯설고 경진 대회 자체도 낯설다. 완전히 낯섦의 향연이다.

두 번째는 앞서 말한 스킬 때문이다. 나름 프레젠테이션 대회에 나간다고 하니 인터넷이나 책을 통해 발표나 프레젠테이션에 대한 스킬들을 찾아보았을 것이다. 그러고 나서 "아, 프레젠테이션은 이렇게 하는 거구나!"라며 단편적으로 습득한 스킬들을 마구 쏟아낸다. 아마추어인 대학생이 프로의 스킬을 억지로 구현해내려고 하는데 어찌 어색하지 않을 수 있을까.

사람의 몸은 거짓말을 하지 않는다. 처음하는 건 반드시 티가 나게 되어 있다. 내 것이 아니면 하지 말자. 아무리 전문가들이 스킬을 떠들어도 내가 소화할 자신이 없으면 그냥 내 수준에서 최선을 다해 발표하면 된다. 그게 자연스럽다. 그래야 청중도 편하다. 이와 관련하여 2015년 10월 27일자 〈한국경제신문〉에 재미있는 기사가 실렸는데 헤드라인은 이랬다.

"딱딱한 복장은 NO, 편한 캐주얼 입고 면접 봐요."

인터뷰에 응한 현대자동차의 인사팀장은 "지원자의 있는 모습 그대로를 보고 싶어 천편일률적인 정장 복장 면접을 폐지했다."라고 말했다. 면접관들도 어색한 정장을 입고 앉아 있는 학생들이 어지간히 보기 불편했나 보다.

'어떻게'가 아니라 '얼마나'

거듭 말하지만 준비도 되지 않은 상태에서 스킬만 습득하려 하지 말고 먼저 발표 경험을 부지런히 쌓아야 한다. 그렇기 때문에 발표력을 키운다는 것은 '어떻게'가 아니라 '얼마나'이다. 얼마나 사람들 앞에 서봤느냐, 얼마나 많이 마이크를 잡아봤느냐가 중요한 것이다. 얼마나 많은 스킬을 습득했느냐가 중요한 것이 아니다.

"틀리면 어떡하지? 실수하면 어떡하지?"

"나가서 무슨 말을 하지?"

"괜히 발표해서 망신만 당하는 건 아닐까?"

"할 말도 없는데 그냥 앉아 있지 뭐."

이런 쓸데없는 생각은 집어치우고 무조건 무대 위에 서서 마이크를 잡아야 한다. 중요한 건 질이 아니라 양이다. 얼마나 많은 발표 경험을 내 몸에 축적했는가가 중요하다. 스킬은 그 뒤에 배워도 절대, 절대 늦지 않다.

발표를 잘하고 싶은가? 그러면 발표를 잘하고 싶은 만큼 마이크를 잡아라. 마이크 11번 잡아본 사람은 마이크 10번 잡아본 사람보다 무조건 1번만큼 발표를 더 잘하게 되어 있다. 몸은 절대 거짓말을 하지 않는다. 만약 1번도 마이크를 잡아보지 않은 사람이 100번 잡아본 사람처럼 발표를 하고 싶어 한다면 그건 양아치다. 도둑놈 심보다. 그리고 마이크를 1번도 잡아보지 않은 사람에게 당신도 100번 잡아본 사람처럼 발표할 수 있다고 말하는 사람 역시 아주 질 나쁜 사기꾼이다. 있지도 않은 약효를 선전하고 다니는 약장수일 뿐이다. 이렇게까지 열변을 토했는데도 불구하고 아직도 스킬에 대한 미련을 버리지 못하는 독자들에게 서강대학교 최진석 교수의 말을 빌려 당부하고 싶다. 강연 내용을 그대로 옮겨본다.

"제가 회사들을 가보면 회사에서 혁신을 강조합니다. 혁신을 강조하는데, 그 혁신을 위해서 많은 전문가들을 모셔다놓고 혁신에 대해서 이야기를 듣고 혁신에 대해서 토론을 합니다. 1년도 하고 2년도 합니다. 3년째 되는 해에 가보면 혁신이 되어 있지 않아요. 혁신에 대해서 토론하는 것, 혁신의 이론에 내가 참여하는 것, 이것이 내가 혁신한 것으로 착각하게 만들 수가 있습니다."

발표 역시 마찬가지다. 아무리 발표에 관한 교육을 받고 스킬을 연습한다 하더라도 발표력 향상에는 아무런 변화도 일어나지 않는다. 조금도 아니고 '아무런' 변화도 없다. 물론 발표를 위해 이러 저런 교육을 받고 많은 노력을 했으니 뭔가 발전이 있지 않을까 생각하겠지만 이는 착각일 뿐이다. 나는 교육, 특히 이론과 관련된 교육을 '착각의 향연'이라고 부른다. 사람들은 어떠한 분야나 대상에 대해서 많은 교육을 받으면 그것들이 내 머릿속에 축적되고 그것을 알게 된다고 착각하기 시작한다.

하지만 그건 아는 게 아니다. 머리로만 아는 것은 아는 게 아니다. 아직 내 몸이 기억하지 못했기 때문이다. 나이도 자실 만큼 자셨고 배울 만큼 배운 직장인들에게 발표를 시켜보면 혀를 끌끌 차지 않을 수 없는 행태를 보이는 이유도 분명 머리로는 알고 있는데 몸이 따라주지 않기 때문이다. 아무리 티를 내지 않으려 해도 흔들리는 동공, 바싹 마르는 입술, 떨리는 목소리, 흐르는 식은땀, 꼼지락거리는 손가락 등의 각종 신호들이 발표가 처음인 티를 팍팍 내는 것이다.

마이크를 잡아라. 최대한 많이

다음 사진을 보자. 마이크를 쥐어 잡은 다부진 왼손, 꼿꼿하게 펴진 어깨와 허리에 당당히 얹은 오른손까지. 자신감과 여유를 이보다 더 완벽하게 표현해낸 사진이 또 있을까 싶다. 앞서 본 여자와는 완벽히 상반되는 모습이다. 물론 연출된 사진이지만 그럼에도 불구하고 나는 이 사진을 사랑한다. 왜냐하면 분명 이렇게 발표하는 사람이 있기 때문이다.

마이크를 잡은 경험이 쌓이고 쌓여서 더 이상 쌓을 수 없게 되면 몸 밖으로 흘러넘치게 되는데 그 흘러넘치는 '경험'을 우리는 '여유'라고 부른다. 우리가 보통 "여유가 넘친다." 라고 하는데 표현은 곧 "경험이 넘친다."는 말과 같다.

이런 사람에게는 스킬이 필요 없다. 왜냐하면 자신의 존재 자체가 곧 스킬이기 때문이다. 마이크를 잡은 경험을 바탕으로 자신감을 넘어 여유로까지 발전시키는 경지에 다다르게 되는 것이다.

앞서 나는 사람은 긴장하면 자신이 무슨 짓을 하는지 모른다고 했다. 그렇기 때문에 괜히 쓸데없는 동작을 한다거나 목소리가 떨린다거나 시선이 불안정하다거나 하는 현상이 발생하는 것이다.

하지만 여유가 있는 사람은 그런 쓸데없는 짓을 하지 않는다.

자신이 무슨 행동을 하는지 스스로 정확히 인지하고 있는데 이상한 행동을 할 리가 없다. 참고로 인터넷에 떠돌고 있는 '스피치 10계명'이라는 항목을 보자.

- 원고를 그대로 읽지 마라
- 청중의 시선을 피하지 마라
- 의상을 준비하라
- 긴장한 모습을 보이지 마라
- 끊임없이 연습하라
- 경직된 자세를 피하라

- 자료를 그대로 읽지 마라
- 길게 말하지 마라
- 서론에 집중하라
- 마무리를 감동적으로 하라

도대체 어떤 약장수가 저런 글을 인터넷에 퍼트리고 다니는지는 모르겠지만, 저걸 누가 모르나? 계명이라고도 부르기조차 당연한 상식들인데 말이다. 저 중에 대부분은 발표에 대한 경험 부족에 따르는 긴장과 불안에 의해 발생하는 현상들이다. 즉, 경험이 쌓이면 대부분 알아서 자연히 해결되는 것들이란 뜻이다.

그렇다. 나는 지금 발표를 위한 스킬은 배울 필요가 없다라는 말을 하려는 것이다. 그렇지 않은가? 경험이 쌓이면 자신감이 생기고 자신감이 생기면 여유가 생기는데 스킬이 왜 필요한가? 여유가 없으니 청중의 시선을 피하게 되고 몸이 경직되는 것이다.

"자유는 공짜가 아니다."

그렇다 세상에 공짜는 없다. 이 세상에 이론으로만 이루어지는 건 없다. "간절히 원하면 이루어진다."라는 헛소리가 한때 서점가를 휩쓴 적이 있지만 "책을 많이 팔아서 떼돈을 벌고 싶다."라는 출판사와 작가들의 소원만 이루어졌을 뿐이다. 생각만으로 이루어지는 건 없다. 머리로만 이루어지는 것도 없다. 이 세상의 모든 역사는 누군가가 몸을 움직였기 때문에 일어났다.

발표를 잘 하고 싶은가? 그럼 닥치고 마이크를 잡아라. 발표를 잘 하기 위해 별의별 짓을 다해도 당신이 직접 마이크를 잡지 않으면 절대 발표력을 향상은 이루어지지 않는다. 끝으로 누군가 단도직입적으로 묻는다면,

"도대체 발표를 잘 하려면 어떻게 해야 됩니까?"

내 대답은 이렇다.

"어, 마이크만 잡으면 돼."

자신감을 갖기 위해서는 무엇보다
자신감을 기를 기회를 많이 만들어야 한다.
여러 종류의 시험과 테스트에 도전하는 것, 수없이 면접을 보는 것,
여러 사람 앞에서 발표하는 것, 낯선 일에 도전하는 것,
더 어려운 업무를 수행하는 것 등 이런 경험을 반복해야만
더 노련해지고 영리해진다.
처음에는 자꾸 실수를 저지르고 야단을 맞아서 스스로 초라해지고
밑 빠진 독에 물 붓기처럼 느껴지겠지만,
그리고 그럴수록 자신감이 추락하겠지만 이런 경험이 반복되어야만
자신감을 쟁취할 기회, 즉 성취할 기회를 갖게 된다.

– 《조훈현, 고수의 생각법》 중에서

《조훈현, 고수의 생각법》 | 조훈현 지음 | 2015년 6월 | 인플루엔셜

현직 프레젠테이션 마스터가 말한다!

대학생이 마이크를 잡을 수 있는 기회

사실상, 성인(직장인)들은 노래방 아니고서 마이크를 잡을 수 있는 기회가 별로 없다. 그리고 사회는 성인들에게 연습이나 경험을 기대하지 않는다. 발표를 하는 순간 "저 사람은 발표 잘하는 사람, 저 사람은 발표 못하는 사람." 이렇게 규정된다.

하지만 대학생들은 아직 기회가 있다. 말 그대로 아직 학생이기 때문이다. 대학생들이 마이크를 잡을 수 있는 세 가지 기회를 소개한다.

1. 조별과제는 무조건 발표를 맡아라

제목 그대로다. 무조건 발표를 맡아라. 길지 않은 대학시절 동안 유일하게 공식적으로 마이크를 잡을 수 있는 기회다. 대부분 발표를 꺼리기 때문에 내가 발표를 하겠다고 호기롭게 선언하면 친구들도 좋아할 것이다. 발표자는 교수님께 학점 어드밴티지는 물론 눈도장도 찍을 수 있으니 그야말로 일거양득이다.

2. 발표 연합 동아리에 가입하자

대학생 연합 동아리 중에 발표나 프레젠테이션과 관련한 동아리가 서너 개 정도 있다. 정기적으로 세미나도 열고 무엇보다 다른 동아리에 비해 발표할 기회가 현저히 많다. 다만 또래의 친구들 앞에서 하는 경우가 많다 보니 어느 때는 "이것들이 지금 장난하나."라는 생각이 들 때도 있지만 어쨌든 마이크를 잡는다는 행위 자체에 의미가 있는 것이니 발표력에 뜻이 있는 학생은 적극 참여하길 권장한다.

감히 단언하건데 앞으로는 토익 점수가 높은 학생보다 발표력 높은 학생이 각광받는 시대가 올 것이다. 아니, 이미 오고 있다. 아니다. 벌써 왔다.

3. 학교 측에 발표력 향상을 위한 정규 프로그램 개설을 강력히 요구하자

현재 학생들의 발표력이나 프레젠테이션 능력 향상을 위한 정규 프로그램이나 연구기관을 운영하고 있는 대학은 없다. 창업보육센터나 취업지원센터는 경쟁적으로 만들면서 말이다. 그나마 학생의 프레젠테이션 능력 향상을 위한 교육이라고는 나 같은 외부강사를 초빙하여 단발성 특강 한 번으로 끝나는 게 고작이다. 그것만으로는 부족하다. 긴 호흡을 가지고 체계적인 프로그램과 커리큘럼을 만들어야 한다.

최소한 “우리 학교 학생들의 프레젠테이션 능력만큼은 전국 최고다.”라고 당당히 홍보할 수 있는 수준이 되어야 한다. 그러려면 학생들이 적극적으로 학교에 건의를 해야 한다. 총장에게 메일을 쓰든 관련 부서에 총학생회가 직접 찾아가 이러한 프로그램을 만들어달라고 요구하라. 나 같은 업자가 말해봤자 미동도 안 할뿐더러 색안경 끼고 쳐다보기 바쁠테니.

22

발표 현장 답사가 답이다

'절대'라는 말을 절대 쓰지 않는 사람들이 있다. 나 역시 절대라는 말은 잘 쓰지 않는다. 하지만 예외가 있다. 바로 '발표 불안'을 말할 때이다. 이 빌어먹을 발표 불안은 도무지 해결책이 없다. 오해 없길 바란다. 발표 불안은 무대 공포증과는 다르다. 무대 공포증은 체계적이고 과학적인 의료의 힘으로 극복 가능하다. 강북삼성병원 정신건강의학과 오강섭 교수님에게서 유선을 통해 직접 들은 대답이므로 의심의 눈초리는 거두길 바란다. 여기서 말하고자 하는 발표 불안은 말 그대로 발표를 앞두고 생기는 가장 원초적인 불안을 말하는 것이다.

문제는 많은 사람들이 불안을 없애거나 해결할 수 있는 방법이 있다고 착각한다는 것이다. 당장 인터넷에 들어가 발표 불안으로 검색을 해보라. 참 가관이다. 물론 암을 낫게 해준다거나 부자가 되게 해준다는 헛소리를 하는 인간들에 비하면 양반이지만.

그 어느 누구도 피해 갈 수 없다

발표 불안은 절대 해결할 수 없다는 결정적 증거 두 가지를 제시하겠다. 너무나 결정적인 증거라서 누구라도 고개를 끄덕일 것이다.

증거 하나.

"지진이 나서 공연이 취소되기를 바란 적도 있다."

가수 패티김이 은퇴 기자회견 때 한 말이다. 무려 50여 년을 노래한 가왕마저도 사람들 앞에 서야 한다는 불안을 평생 떨쳐내지 못했다.

증거 둘.

하늘에 맹세코, 나는 지금까지 단 한 번도 발표에 대한 걱정으로 잠을 못 이룬다거나 발표가 무서워 구차한 변명을 내지르며 도망친 적이 없다. 청중 앞에서 마이크를 잡는 일이 나에겐 큰 즐거움이다. 청중이 많으면 많을수록 오히려 더 신이 난다. 한마디로 무대 체질인 것이다. 하지만 그런 나조차도 강연이나 프레젠테이션을 하기 직전에는 긴장을 한다. 심지어 마이크를 잡자마자 입이 바싹 말라버린 적도 있다.

평생을 노래한 가수도, 타고난 무대 체질인 현직 프레젠테이션 마스터도 어찌하지 못하는 것이 바로 발표 불안이다. 방법이 없는 것이다. 극단적이라고 생각할 수도 있지만 발표 불안은 누구나 겪는 자연스러운 현상이다. 경험과 분위기에 따라 정도의 차이만 있을 뿐 청중 앞에서 마이크를 잡는 사람이라면 그 어느 누구도 피해갈 수 없다. 피할 수 없기 때문에 아예 그 불안 자체를 만나지 않기 위해 발표를 피하고 거부하기도 한다.

물론 인생을 조용하고 단순하게 즉, 평범하게 살고자 하는 사람은 그까짓 발표 안 하면 그만이다. 하지만 인생을 큰 스케일로 살고자 하는 사람, 자신이 하는 일에 일가를 이루고자 하는 사람, 스티브 잡스처럼 우주에 흔적까지는 아니더라도 인생에 족적이라도 남기고자 하는 사람이라면 반드시 마이크를 잡아야 한다. 자신의 생각과 계획 그리고 빛나는 아이디어를 사람들 앞에서 당당히 보여줄 수 있어야 한다. 청중 앞에서 마이크를 잡는 숙명을 피할 수 없는 것이다.

현장, 눈 감고도 그림이 그려져야 한다

그렇다면 우리가 선택할 수 있는 길은 두 가지다. 발표를 피하거나 발표를 하거나. 마이크를 던지거나 마이크를 잡거나. 만약 후자를 택했다면 축하의 의미로 발표 불안을 극복하는 꽤 괜찮은 방법 하나를 선물하도록 하겠다. 다시 한 번 말하지만 발표 불안을 없애는 방법은 없다. 하지만 그 불안의 강도를 현저히 낮출 수는 있다. 바로 '발표 현장 답사'다.

자고로 사람은 모르는 만큼 긴장하는 법이다. 청중들이 어떤 반응을 보일지 모르기 때문에 불안하고 긴장하는 것이다. 그렇다고 청중의 반응을 미리 알 수는 없다. 그저 막연히 예상만 할 수 있을 뿐이다. 하지만 발표 현장은 답사를 통해 미리 파악할 수 있다. 발표 장소가 머릿속에 각인된 상태에서 연습을 하는 것과 무지의 상태에서 하는 것과는 천지 차이다. 공간을 미리 예상하고 준비한 사람은 발표 당일, 최소한 낯선 공간으로부터 오는 어색함과 생소함으로 인한 불안과 긴장은 겪지 않을 수 있다. 하지만 사전 정보 없이 처음 발표 현장을 맞닥뜨리는 사람은 예상과 전혀 다른 분위기에 압도되어 불안감이 더 극대화될 수밖에 없다.

특히 청중과의 거리가 생각보다 훨씬 가깝다고 느끼면 불안감은 걷잡을 수 없이 증폭된다. 그렇기 때문에 현장 답사는 '가보면 좋고 아님 말고'가 아니라 무조건, 반드시, 기필코 가야 한다. 체육대회나 워크숍 장소 선정을 위한 답사는 득달같이 다녀오면서 프레젠테이션 현장은 시간이 없다거나 너무 멀다는 이유로 안 다녀오는 회사들이 부지기수다.

나 역시 경쟁 프레젠테이션 때뿐만 아니라, 프레젠테이션 관련 특강이나 교육에 나갈 때조차 반드시 현장 답사와 리허설을 한다. 지금까지 리허설 없이 강의를 한 적은 없다. 강연이 잡히면 보통 1주일 전에 현장 답사를 가거나 늦어도 이틀 전에는 반드시 답사를 마친다. 지방 강연일 경우는 전날 도착해서 강연장 답사와 현장 리허설을 마친 후에 호텔로 향한다. 물론 숙식 비용은 사비로 해결한다.

가끔 이러한 극성에 당황해하는 교육 담당자들도 있고 심지어 "왜 그렇게까지 하느냐?"고 묻는 사람도 있지만 답사의 중요성을 너무나 잘 알고 있는 내가 현장 답사 없이 청중 앞에서 마이크를 잡는다는 건 있을 수 없는 일이다.

대한민국 최고의 스타 강사 중 한 명이라고 불리는 사람이 자신의 책에 현장 답사를 했다면 사전에 충분히 방지할 수 있었던 돌발 상황을 자신의 순발력과 기지로 해결했다며 강사라면 이 정도는 되어야 한다고 자랑스럽게 써 놓은 것을 본 적이 있다. 그걸 자랑이라고 말이다. 물론 이러한 나의 잘난 척도 "당신은 스타강사가 아니지 않느냐. 시간이 많으니 그렇게 한가롭게 답사를 다닐 수 있는 것 아니냐."라고 반박한다면 할 말은 없다.

발표 현장 답사 시 반드시 체크해야 할 것

답사의 목적은 공간의 분위기를 파악하는 것이지만 그와 함께 시스템 체크도 필수적으로 동반되어야 한다. 현장 답사 시, 반드시 체크해야 할 사항들은 다음과 같다.

1. 노트북

가장 먼저 체크해야 할 사항은 노트북의 사용 여부다. 즉, 우리 회사의 노트북을 사용하느냐 아니면 현장에 설치된 공용 노트북을 사용하느냐 하는 것이다.

연습 때 사용했던 노트북을 사용한다면 상관없지만 만약 공용 노트북을 사용해야 한다면 일이 복잡해진다. 공용 노트북 사용 시, 다음 사항들은 반드시 체크해야 한다.

- 파워포인트 버전 확인

- 폰트 설치 여부 혹은 폰트를 설치할 시간이 주어지는지 확인
- 동영상 재생을 위한 코덱 설치 여부 확인

위 사항들은 별것 아닌 것 같지만 최악의 경우 프레젠테이션 자체를 망쳐버릴 수도 있다. 몇 달을 고생하면서 준비한 프로젝트를 파워포인트 버전이 안 맞거나 폰트가 깨져서 망쳐버린다면 얼마나 미치고 팔짝 뛸 일인가. 아니 팔짝 뛸 정도가 아니라 사표감이다.

2. 빔 프로젝터

아무리 멋진 디자인으로 슬라이드를 만들었다 하더라도 빔 프로젝터의 성능이 떨어진다면, 그래서 열심히 준비한 자료를 제대로 보여줄 수 없다면 정말 안타까운 일이 아닐 수 없다. 특히 색깔이 중요한 패션이나 인테리어, 건축과 관련된 프레젠테이션에서 빔 프로젝터의 컨디션 저하로 인해 표현하고자 하는 색깔이 왜곡된다면 정말 치명적이다. 반드시 발표장의 빔 프로젝터로 시연을 해봐야 하며 거기에 맞춰 색깔을 다시 조정해야 한다. 그렇기 때문에 슬라이드 디자인을 외부 업체에 맡겼다면 그 업체의 디자이너가 반드시 현장 답사에 동행해야 한다. 만약 "내가 왜 현장 답사를 따라가야 하느냐?"고 반문하는 디자이너나 업체가 있다면 당장 갈아 치워라. 쓰레기다.

또한 발표장의 조명 밝기에 따라서 빔 프로젝터가 투영되는 느낌 역시 변화무쌍하기 때문에 시연을 한다면 발표 시간과 동일한 시간대와 동일한 밝기의 조명 아래서 시연을 해봐야 한다.

3. 스크린

스크린 상태 역시 중요하다. 스크린의 위치에 따라 발표자의 위치와 동선이 달라지기 때문이다. 만약 2개의 스크린이 양쪽에 걸려 있다면 그 점을 고려한 동선을 연습해야 할 것이다.

또한 스크린의 크기가 너무 작다면 슬라이드에 표현되는 텍스트와 이미지는 좀 더 진하고 크게 표현되어야 한다. 스크린의 높이 역시 중요한데 계단식 객석이 아닌 수평식 객석의 발표장에 걸려 있는 스크린의 높이가 너무 낮다면 슬라이드 아래쪽에 있는 이미지와 텍스트는 앞사람의 머리에 가려 보이지 않을 것이다. 당연히 슬라이드의 레이아웃을 조정해서 아래쪽에 있는 내용들을 전부 위로 올려야 한다. 역시 슬라이드 디자이너가 답사에 동행해야 하는 이유다.

다시 한 번 말하지만 이러한 과정을 귀찮아하거나 거부하는 업체는 쓰레기다. 당장 갈아 치워라.

4. 마이크

발표 공간이 마이크를 사용해야 할 만큼 넓은 공간인지 아니면 육성으로 커버가 되는 작은 공간인지 파악한다. 육성만으로 가능한 공간이라면 마이크가 필요 없으므로 두 손이 자유로운 상태에서 연습을 해야 한다. 반대로 마이크를 사용해야 한다면 마이크와 크기가 비슷한 물병이라도 들고 연습을 해야 한다.

또한 손에 쥘 필요가 없는 핀 마이크를 사용한다면 역시 두 손이 자유로운 상태에서 연습을 해야 한다. 최대한 실전과 비슷한 환경에서 연습을 하는 것이다.

5. 스피커

동영상을 많이 사용하는 프레젠테이션의 경우 음향 시스템의 볼륨 크기 정도를 반드시 체크해야 한다. 동영상 소리 때문에 허겁지겁 볼륨을 조정하는 모습처럼 추잡한 것도 없다. 심사를 받는 경쟁 프레젠테이션에서라면 더더욱 그렇다. 사소한 볼륨 하나 컨트롤하지 못하는 회사에 누가 일을 맡기겠는가.

하지만 발표회장을 사전에 완벽하게 컨트롤하는 경우는 거의 드물다고 볼 때, 제일 안전하고 확실한 방법은 별도의 전용 스피커를 따로 준비해가는 것이다. 요새는 부담 없는 가격에 크기도 작고 출력도 뛰어난 스피커들이 많이 나와 있다. 전용 스피커로 볼륨을 맞춰놓은 상태에서 연습을 하면 발표 당일 볼륨 때문에 곤란을 겪을 일은 없다. 그러기 위해선 현장 답사 시, 스피커를 들고 가서 어느 정도의 소리가 적당한지 반드시 테스트를 해봐야 한다.

23

누구도 당신의 실수를 기억하지 않는다

실수는 필수다

사람은 누구나 실수를 한다. 실수를 하지 않겠다고 기를 쓰고 연습하는 모습도 안쓰럽지만 실수할까 봐 전전긍긍하는 모습은 더 안쓰럽다. 실수는 받아들여야 하는 것이지 피할 수 있는 것이 아니다. 특히 실수라는 놈은 피하려고 하면 할수록 더 달라붙는 속성이 있는데 정신과전문의 이시형 박사는 《배짱으로 삽시다》에서 다음과 같이 조언하고 있다.

"의식적으로 잘하려는 노력이 지나치면 중추는 오히려 균형을 잃게 된다. 실수라도 하면 어쩌나 싶은 기대 불안이 따를수록 중추는 제 기능을 발휘할 수 없다. 예의 바르게, 실수 없이 하려다 보니 조심만 되고 떨리기만 할 뿐이다.”

사람들이 실수에 있어서 가장 걱정하는 부분은 실수로 인한 청중들의 조롱 섞인 시선과 반응이다. 예를 들어보자. 만약 당신이 프레젠테이션을 했는데 내용이 기막히게 좋았다. 그런데 중간에 실수를 했다. 그럼 청중은 당신의 실수를 기억할까? 기억하지 못한다. 정말 좋았던 발표 내용만 기억할 뿐이다.

반대로 프레젠테이션을 했는데 내용이 형편없었다. 지루하기 짝이 없고 누구나 다 알고 있는 뜬구름 잡는 내용들이었다. 그런데 중간에 당신이 실수를 했다. 청중은 당신의 실수를 기억할까? 역시 기억하지 못한다. 왜냐하면 내용 자체가 너무 형편없었기 때문이다. 청중에겐 실수 따위가 중요한 게 아니라 그냥 시간이 아까울 뿐이다. 만약 욕을 먹는다면 당신의 실수가 아니라 형편없는 당신의 프레젠테이션 때문일 것이다.

실수 같은 건 아무도 기억하지도, 입에 담지도 않는다.

재채기도
발표의 일부다

그깟 재채기 시원하게 해버리자. 죄송하다는 목례 한 번이면 충분하다. 이미 벌어진 실수를 억지로 극복하려는 것이 제일 안타깝다. 실수를 했다는 사실을 자신은 물론 청중도 뻔히 아는데 마치 절대 일어나서는 안 되는 일이라도 일어난 것인 양 꾸역꾸역 원상 복구하려는 태도가 작은 실수를 오히려 더 커 보이게 만든다.

더 충격적인 사실은 열심히 연습하면 할수록 실수할 확률은 높아진다는 점이다. 실수가 뭔가? 잘나가다가 한 번 삐끗하면 우리는 그걸 실수라고 부른다. 잘나가다가 어쩌다 한 번 '삐끗'은 누구나 언제나 한다.

그런데 그 '삐끗'이 계속 반복된다면? 그건 실수가 아니라 그냥 발표를 망치는 거다. 열심히 연습한 사람은 말 그대로 삐끗할 뿐이지만 제대로 준비가 안 된 사람은 시종일관 삐끗만 하다가 결국 프레젠테이션을 망쳐버린다. 그러니 실수는 친구까지는 아니더라도 필연적으로 따라오는 파트너 정도라고 생각하는 게 심신에 좋다.

그렇다 하더라도 절대 해서는 안 되는 실수가 있다. 바로 어처구니없는 실수다. 대표적인 어처구니없는 실수들은 다음과 같다.

- 노트북이 켜지지 않는다.
- 파워포인트 파일이 열리지 않는다.
- 중요한 내용이 담긴 동영상이 재생되지 않는다.

• 노트북과 빔 프로젝터의 궁합이 맞지 않아 스크린에 투영되지 않는다.

돌발적인 작은 실수들은 임기응변이나 가벼운 사과로 넘어갈 수 있지만 이러한 실수들은 프레젠테이션 자체를 아예 할 수 없게 만드는, 말 그대로 최악의 실수다.

하지만 이러한 최악의 상황도 얼마든지 미리 예측하고 대비할 수 있다. 그 방법은 바로 현장 답사다. 현장 답사의 방법과 중요성은 앞서 설명했으니 더 이상 언급하지 않겠다.

그럼에도 불구하고 난 절대 실수를 하지 않겠다고 우기는 사람이 있다면 한 가지 방법을 알려주겠다. 그냥 발표를 하지 마라. 그럼 실수 안 한다. 직원들은 물론 협력업체 임원들까지 질려버릴 정도로 리허설을 했다는 스티브 잡스도 실수를 하는 마당에 도대체 당신은 누구시길래 실수를 안 하겠다고 버티는 건가. 실수는 필수다. 그냥 받아들이자.

현직 프레젠테이션 마스터가 말한다!

흔한 돌발 상황 대처법

1. 입이 바싹 마른다

나 역시 여러 번 경험한 상황이다. 이건 얼른 물을 마시는 것 말고는 방법이 없다. 문제는 얼마나 자연스럽게 마시느냐다. 자연스럽게 마신다기보다 '흐름을 끊지 않고 마신다.'가 더 정확한 표현이 되겠다.

단상이 있는 경우는 종이컵에 미리 물을 따라 놓자. 그리고 입이 마르면 주저 없이 들이키는 것이다. 종이컵을 추천하는 이유는 생수병에 입을 대고 마시는 것보다는 덜 추잡스럽기 때문이다. 단상 없이 발표를 할 경우에는 생수병을 들고 무대에 서도록 하자. 그리고 입이 마르면 재빨리 생수병을 집어 들고 물을 마신다. 물론 뚜껑은 미리 열어놓아야 한다. 전혀 이상할 것 없다. 오히려 당당하고 자연스럽게 물을 마시면 청중들도 그러려니 한다.

2. 내용이 생각이 안 난다

역시 흔한 상황이다. 가장 좋은 방법은 우렁찬 목소리로 "죄송합니다."라는 말과 함께 얼른 다음 원고를 찾아보는 것이다. 그리고 빨리 프레젠테이션을 이어가는 게 낫다. 당황한 기색이 역력한 표정으로 눈알을 이리저리 굴리며 억지로 멘트를 생각하려는 모습만큼 애처로운 것도 없다.

3. 발표 중간에 질문이 튀어나온다

클라이언트가 직접 발주한 경쟁 프레젠테이션의 경우 최종 결정권자가 갑질 바이러스 보균자라면 중간에 느닷없이 튀어나오는 질문을 항상 경계해야 한다. 언제든지 질문이 날아올 수 있다는 마음의 준비를 해두어야 한다는 뜻이다. 그러면 당황의 정도를 현저히 낮출 수 있다.

즉시 대답할 수 있는 사항은 대답을 하면 될 것이고 뒤에 나오는 내용이라면 "준비한 슬라이드가 있으니 그때 설명드리겠다."라고 하면 된다.

24

프레젠테이션에도 슈퍼스타K가 필요하다

유튜브에서 대학생 프레젠테이션 경연 대회 수상자들의 영상을 보고 혀를 찬 적이 있다. 아니, 비웃었다는 표현이 더 정확하겠다. 학생들을 비웃은 것이 아니라 스피치와 프레젠테이션도 구분 못하는 행사 관계자들과 아무것도 모르는 순진한 학생들을 무대에 세워놓고 실전 경험도 없으면서 "프레젠테이션이란 이런 것이다."라며 마치 자신이 대단한 전문가라도 되는 양 도도한 표정을 하고 앉아 심사를 맡았을 심사위원들을 비웃은 것이다.

물론 나도 심사를 맡은 적이 두 번 정도 있다. 정말 내키지 않았지만 차마 거절할 수 없는 분들의 부탁이었다. 그 심사는 나에게 극도의 괴로움을 안겨주었다. 대회 수준이 낮아서가 아니었다. 그건 프레젠테이션 경연 대회가 아니었기 때문이다.

스피치는 프레젠테이션이 아니다

현재 대한민국에서 열리는 모든 대회는 엄밀히 말하면 '누가 누가 발표를 잘하나'를 겨루는 스피치 대회지 프레젠테이션 대회가 아니다. 80~90년대 유행했던 웅변대회에서 타이틀만 프레젠테이션으로 바뀌었을 뿐이다. 속된 말로 '이빨 잘 까는 넉살 좋은 인간'이 우승한다는 뜻이다. 정말 제대로 된 프레젠테이션 대회가 정착되려면 우선 프레젠테이션과 스피치가 명확히 구분되어야 한다.

그렇다면 프레젠테이션과 스피치의 차이가 뭘까? 유명한 TV 강연 프로그램에서 자칭 프레젠테이션 전문가라는 사람이 연설과 프레젠테이션의 차이점을 설명하는 장면을 본 적이 있는데 "슬라이드가 없고 단상이 있으면 연설이고, 슬라이드가 있고 보여줄 제품이 있으면 프레젠테이션"이라는 말에 해당 프로그램의 수준을 의심한 적이 있다. 단상의 유무가 뭐 그리 중요하며 슬라이드가 없으면 프레젠테이션이 아니라는 발상은 도대체 어디서 튀어나왔는지 기가 막힐 따름이다.

나는 프레젠테이션을 이렇게 정의한다.

"뚜렷한 목적을 달성하기 위해 하는 모든 말과 행동."

아무리 화려한 슬라이드로 무장하고 기막힌 표현으로 청중을 휘어잡아도 목적이 없으면 그건 그냥 스피치다. 반대로 화려한 슬라이드나 언변은 없지만 뚜렷한 목적이 있다면 그게 바로 프레젠테이션인 것이다. 한마디로 "엄마 사랑해요."는 스피치고 "엄마 만 원만 주세요."는 프레젠테이션이다.

프레젠테이션 대회의 참모습

다음은 네이버에서 '프레젠테이션 경연 대회'라는 이름으로 검색된 대회들의 발표 주제들이다.

"5분 자기 PR"

"실패란 무엇인가?"

"우리 세대의 책무성은 무엇인가?"

"우리가 잊고 살아가는 것"

"일상 속 불편한 진실의 불을 꺼라"

정말 궁금하다. 저런 추상적인 주제들을 도대체 어떤 기준으로 심사했을까? 만약 내가 "우리 세대의 책무성은 무엇인가?"라는 주제의 심사위원이었다면 남몰래 책무성의 뜻을 검색하느라 스마트폰을 만지작거려야 했을 것이다.

진짜 프레젠테이션 대회라면 뚜렷한 목적이 눈에 보이는, 그리고 그 눈에 보이는 목적의 해결책을 정확히 제시할 수 있는 주제를 던져주어야 한다. 만약 코레일이 프레젠테이션 대회를 주최한다고 가정해보자. 어떤 주제를 선정해야 할까.

진짜 프레젠테이션 대회라면 이런 주제들일 것이다.

"경원선 철길 복원을 위해 백마고지역은 어떤 준비를 해야 하는가?"

"비행기 대신 KTX를 타고 출장을 가야 하는 이유"

"달리는 KTX 안에서 보고서 작성은 가능한가?"

이 정도로 구체적이고 뚜렷하게 주제가 보여야 한다. 그래야 그에 상응하는 명쾌한 해결책이 나올 것 아닌가. 당연히 대회를 준비하는 참가자들은 백마고지역 답사를 다녀와야 함은 물론 KTX도 여러 번 타봐야 할 것이다. 그렇지 않으면 프레젠테이션 자체를 준비할 수 없기 때문이다. 시간과 돈을 투자해야 한다는 뜻이다.

그럼 심사위원 구성은 어떻게 해야 할까? 당연히 코레일의 실무진들이 심사를 맡아야 한다. 코레일과 상관없는 대학교수들이나 어쭙잖은 스피치 학원 강사들이 아니라 코레일 사장을 심사위원장으로 하는 100% 실무진 중심의 심사위원단을 구성해야 한다. 그래야 진짜 제대로 된 심사를 할 수 있다. 상금 액수도 대폭 늘려야 한다. 참가자들이 시간과 돈을 들여 열심히 준비한 프레젠테이션에서 기막힌 정책이나 아이디어 같은 월척을 낚을지도 모르는데 고작 돈 몇 백을 아까워하는 건 도둑놈 심보가 아니고 무엇이겠는가. 시원찮은 상금에는 시원찮은 참가자들만 꼬이는 법이다.

또한 프레젠테이션 대회는 장기자랑 대회도, 이벤트성 행사도 아니다. 치열하게 고민하고 직접 현장을 누비며 조사한 내용을 짧은 시간 안에 평가받는 '실전 비즈니스 콘테스트'다. 친구들의 응원과 어쭙잖은 농담이 난무하는 침 튀기는 시골장터가 아니라, 긴장감과 엄숙함 그리고 날카로운 질문과 대답이 오가는 피 튀기는 아레나가 바로 진짜 프레젠테이션 경진 대회인 것이다.

하지만 아쉽게도 대한민국에는 장터만 있지 아레나는 없다. 스피치와 프레젠테이션을 구분할 줄 아는 혜안을 가진 기업이나 기관이 나오기 전까지 대한민국 프레젠테이션 경연 대회는 웅변 대회 수준을 벗어나지 못할 것이다.

현직 프레젠테이션 마스터가 말한다!

정장을 입지 않아도 된다

경연 대회 참가자들의 공통점은 하나같이 어색하다는 것이다. 아무것도 하지 않고 그냥 무대 위에 올라섰을 뿐인데 말할 수 없는 어색함을 내뿜는다. 바로 복장 때문이다. 대부분 참가자들은 정장을 선택하는데 특히 평소에 입지 않던 정장을 입거나 신지 않던 굽 높은 구두를 신은 대학생들에게서 이러한 공통적인 어색함이 나타난다.

프레젠테이션을 할 때 반드시 정장을 입으라는 법은 없다. 정장을 입으면 신뢰감을 준다는 말도 검증된 바가 없다. 발표하는 내용과 분위기에 어울리는, 내가 입었을 때 가장 편하게 느끼는 옷이 그날 최적의 복장이다. 그리고 대학생 프레젠테이션 대회면 대학생답게 캐쥬얼 좀 입으면 어떤가. 발표자가 편해야 청중도 편하게 느끼는 법이다.

25

화려한 오프닝으로 본질을 가리지 마라

프레젠테이션은 쇼가 아니다

몇 해 전, 삼성전자 무선사업부의 요청으로 프레젠테이션 교육을 준비하면서 유튜브를 통해 갤럭시 프레젠테이션 영상을 찾아본 적이 있다. 발표장의 규모와 시설 그리고 무대 효과는 애플을 압도하고도 남았다. 거의 압살 수준이었다. 그 이후 얼마나 더 변했는지 비교하기 위해 'SAMSUNG Galaxy Unpacked 2015' 프레젠테이션 영상을 찾아봤는데 그 화려함과 웅장함의 기상이 여전히 하늘을 찌르고 있었다. 마치 현대 과학이 구현할 수 있는 테크놀로지와 무대효과를 전부 쏟아부은 느낌이었다.

특히 오프닝 영상의 화려함은 이루 말할 수 없을 정도였다. 협력업체를 포함한 담당자들이 얼마나 고생했을지 짐작이 간다. 나 역시 2002년도에 삼성물산 건설부분 담당자들과 함께 상암 월드컵 경기장에서 열린 '래미안 페스티벌'을 준비하면서 '삼성과 일한다는 게 이런 거구나.'라고 뼈저리게 느낀 적이 있다. 얼마나 뼈가 저렸는지 한동안 분당에 있던 삼성물산 본사 근처에는 얼씬도 안 했다.

하지만 여기서 놓치지 말아야 할 사실이 있다. 프레젠테이션, 특히 신제품을 출시하는 행사일 경우 절대 프레젠테이션이 제품(본질)을 압도해서는 안 된다는 것이다. 물론 이해는 간다. 최고의 기업에서 만든 최고의 제품이니 프레젠테이션 역시 최고로 만들고 싶었을 것이다. "프레젠테이션도 삼성이 하면 다르구나."라는 기대치를 무시할 순 없을 것이다.

하지만 생각해보자. 애플이 돈이 없고 기술이 없어서 매번 소박하고 심플하게 프레젠테이션을 했을까? 프레젠테이션은 쇼가 아니다. 도대체 어떤 약장수가 프레젠테이션은 쇼라느니, 한 편의 드라마라느니 약을 팔고 다녔는지는 모르겠지만 그런 말도 안 되는 수식과 정의들이 프레젠테이션을 괴물로 만들고 있다. 프레젠테이션의 주인공은 '제품(본질)'이지 프레젠터나 무대, 특수효과와 같은 외적인 것들이 아니다.

그리고 무엇보다 프레젠테이션이 화려했을 때 야기되는 가장 큰 문제는 정작 제품을 꺼내 보였을 때 현장의 감흥이 현저히 떨어진다는 것이다. 당장 'Unpacked 2015' 행사만 보더라도, 신종균 사장이 갤럭시6를 청중 앞에 야심찬 표정으로 위풍당당 꺼내어 들었지만 이미 화려한 영상과 무대에 압도당한 청중들에게는 평범한 스마트폰으로 보였을 것이다. 실물을 공개하는 타이밍도 어설펐지만 갤럭시6가 주인공이 아니라 프레젠터가 주인공인 듯한 느낌이었다. 특히 첫 프레젠터였던 이영희 부사장이 등장하는 모습은 너무 당당하고 화려해서 이날의 주인공은 갤럭시6가 아니라 이영희 부사장이 아닌가 하고 착각할 정도였다. 프레젠터의 카리스마가 마이너스가 될 수도 있다는 점을 이때 처음 알았다.

내가 보기엔 그날의 주인공은 갤럭시6가 아니라 '삼성'이었다. 마치 프레젠테이션 내내 "봐라, 우리는 삼성이다!"라고 외치는 것만 같았다.

프레젠터의 카리스마는 본질이 만든다

이제 애플의 프레젠테이션을 보자. 무대는 소박하고 슬라이드는 심플하기 그지없다. 프레젠터의 복장 역시 우리가 아는 그대로

다. 스티브 잡스가 이날의 주인공은 바로 제품임을 강조하기 위해 일부러 모든 환경을 튀지 않게 조절했는지는 모르겠지만 결과적으로는 그렇게 되었다. 물론 잡스가 극적인 효과와 연출을 본능적으로 구현할 줄 아는 능력을 타고난 인물인 건 확실하다. 잡스가 극적인 연출을 위해 얼마나 많은 공을 들였는지는 공식 전기인 《스티브 잡스》와 동명의 영화 '스티브 잡스'를 보면 알 수 있다. 청바지 워치 포켓에서 나온 '아이팟 나노'가 그랬고 서류봉투에서 나온 '맥북 에어'가 그랬다. 마치 신제품이 공개되는 이 순간을 위해 모든 연출과 기술이 숨을 죽이고 기다린 듯한 인상이다.

그리고 애플의 프레젠테이션에서 사람들이 오해하고 있는 사실이 있는데 바로 잡스의 카리스마다. 물론 그가 카리스마 있는 프레젠터인 건 맞다. 하지만 카리스마의 근원이 어디인지가 중요하다. 사실 잡스처럼 조용하고 나긋나긋하게 프레젠테이션을 하는 사람도 드물다. 하지만 사람들은 그의 프레젠테이션을 보고 카리스마를 말한다. 이유가 뭘까? 바로 제품 때문이다. 제품에서 뿜어져 나오는 아우라가 덩달아 프레젠터인 스티브 잡스까지 카리스마 있는 인물로 보이게 만든 것이다. 평범하기 그지없는 뉴발란스 운동화와 리바이스 청바지마저도. 솔직히 무대 위의 카리스마로 따지면 삼성전자의 이영희 부사장이 훨씬 더 강력하다. 하지만 그 카리스마의 근원이 어디였는지는 한번 생각해볼 필요가 있다. 나와 독자들이 생각할 문제는 아니고 삼성전자 관계자들이 생각해볼 문제다. 물론 "당신이 뭔데?"라고 한다면 할 말은 없다.

끝으로 프레젠테이션은 아니지만 모범적인 오프닝 사례를 소개하고자 한다. 바로 손석희 앵커의 'JTBC 뉴스9'의 첫 방송 오프닝이다. 14년만에 앵커로 복귀하는 그의 첫 오프닝 멘트는 과연 어땠을까? 멘트를 들어보면 그날의 주인공은 앵커가 아니라 바로 뉴스 자체임을 알 수 있다. 아래 전문을 소개한다.

"시청자 여러분, 반갑습니다. 손석희입니다. 오늘부터 매일 밤 여러분께 다시 뉴스를 보내드리게 됐습니다. 저나 또 저희 구성원들의 어깨가 무겁고 또 부담도 큽니다만 모두가 한마음으로 오늘을 준비해왔습니다. 약 70년 전에 〈르몽드Le Monde〉지의 창간자인 뵈브메리Hubert Beuve-Mery는 모든 진실을, 오직 진실을 다루겠다고 말한 바 있습니다. 그럴 수만 있다면 저희들의 몸과 마음도 가벼워지리라 믿습니다. 그렇게 노력하겠습니다."

무척이나 담백했다. 그렇게 첫 뉴스가 시작됐다.

26

치마 좀 짧아도 좋다

여성 프레젠터의 가장 이상적인 복장에 대한 조건과 이유는 다음과 같다.

첫째, 단정한 차림.

청중에 대한 예의일 뿐만 아니라 프레젠테이션은 진지하고 점잖은 자리이기 때문에 당연히 단정한 정장을 입어야 함.

둘째, 튀는 복장 금지.

복장이 튀게 되면 청중이 프레젠테이션과 슬라이드에 집중할 수 없음.

셋째, 화려한 액세서리와 화장 금지.

가볍고 천박해 보임.

어쨌든,
심사위원은 '남자'가 많다

위의 세 가지 조건과 이유에 대해 반론을 제기할 사람은 없을 것이다. 그리고 나는 보란 듯이 이에 대한 반론을 제기하려 한다. 이 반론에 대한 전제로써 늘어놓는 적나라한 현실은, 아마도 여성 독자들을 불편하게 만들지 모르겠다. 나 또한 이 현실이 영 편한 것만은 아니다. 다만 '대한민국 비즈니스 프레젠테이션의 현실이 이러하니 이론에 갇혀 있지 말고 현실을 직시'했으면 하는 바람으로, 아직까지 누구도 꺼내지 않았던 이야기를 해보려 한다.

본격적인 반론을 제시하기 전에 먼저 알아야 할 사실이 있다. 우리나라 여건상, 경쟁 프레젠테이션 심사위원에서 남성 차지하는 비율이 거의 90%에 달한다는 점이다. 13년째 프레젠테이션 현장을 뒹굴면서 나는 한 번도 여자 심사위원의 존재를 본 적도, 들은 적도 없다. 물론 한때 나의 주 무대가 건설, 건축, 설계와 같은 남성들이 주도하는 분야였기 때문이기도 하지만, 그런 사실을 차치하고라도 이는 엄연한 현실이다. 심지어 프레젠테이션 대회 심사위원들도 남자들이 압도적으로 많다. 굳이 이유를 찾자면 아직 심사라는 분야만큼은 '남성 중심 사회'가 지배하고 있기 때문이 아닐까 하는 정도다.

이제 반론을 제시해보자. 단정하지 못한 옷차림은 청중과 심사위원에 대한 예의가 아니며, 전문직 여성처럼 보이기 위해서는 정장 바지를 입어야 한다는 주장에 대한 내 생각은 이렇다. 여성 프레젠터라면, 이왕이면 치마를 입는 편이 좋다. 남자들은 바지보다 치마를 좋아한다. 앞서 말했지만 심사위원은 거의 모두가 남자다. 그러니 치마를 입는 편이 좋다.

"고작 그런 이유 때문에?"라고 하겠지만 이게 사실이고 현실이다. 단정한 바지보다는 단정한 치마가 낫다는 뜻이다. 여성스러운 여성을 보고 싶어 하는 것, 여성스러운 여성에게 호감을 갖는 것은 남자들의 자연스러운 본능이다.

다음으로 화려한 옷차림과 튀는 액세서리는 청중의 시선과 집중력을 분산시킬 수 있으니 안 된다는 주장을 보자. 한마디로 발표자는 드러나지 않아야 한다는 뜻인데 그럴 거면 뭐 하러 프레젠터가 필요한가. 그냥 목소리 좋은 성우 섭외해서 내레이션 녹음 후 파워포인트에 삽입해서 틀어버리면 될 일 아닌가.

프레젠테이션은 프레젠터가 연단에 올라서서 "지금부터 프레젠테이션을 시작하겠습니다."라고 해야 시작하는 것이 아니다. 프레젠터가 심사위원들 앞에 모습을 드러내는 순간, 이미 프레젠테이션은 시작된 것이다. 여성 프레젠터가 연단 위로 올라서는 순간, 심사위원들의 눈은 번개와 같은 속도로 그녀의 전신을 스캔할 것이다. 이건 나이가 많고 적고, 지위가 높고 낮고의 문제가 아니다. 동물적인 본능이다. 프레젠터에게 아무런 감흥을 느끼지 못하면, 즉 여성으로서의 호감을 느끼지 못하면 심사위원들은 아무 감흥 없이 프레젠테이션을 들을 것이다. 칙칙한 남성 프레젠터들의 발표와 별 차이 없이 듣는다는 뜻이다.

하지만 심사위원들이 앞에 선 여성 프레젠터에게 매력을 발견하면, 그때부터 본능적으로 말 한마디, 몸짓 하나까지 놓치지 않고 보게 된다. 이때 프레젠터가 발표도 잘하고 내용마저 훌륭하다면 게임은 끝났다고 봐야 한다.

지금도 수많은 프레젠터들이 청중의 시선을 사로잡기 위해 고민하고, 청중의 집중력을 유지하기 위해 노력하고 있다. 이런 와중에 '이성'으로서의 매력이라는 아주 강력한 무기로 남성 프레젠터보다 유리한 고지를 점령하고 있는 여성 프레젠터들이 쓸데없는 이론에 갇혀 강점을 살리지 못하고 있다.

다시 한 번 말하지만 우리나라 심사위원의 90%는 남자다. 만약 여성 프레젠터가 "옷을 단정하게 입겠다."라고 생각하는 것은

“난 이번 프레젠테이션에서 심사위원들에게 그 어떤 시선이나 관심도 받지 않을 것이다.”라는 뜻이다. “무난하게 준비해서 무난하게 끝내겠다.”라는 뜻이다. 아주 무책임하고 소극적인 자세일 뿐만 아니라 회사를 대표해 프레젠터로 나설 자격조차 없는 사람이다.

남자라면 남성성,
여자라면 여성성을 드러내라

그렇다면 여성 프레젠터의 복장은 어떠해야 하는가. 이왕이면 최대한 자신에게 어울리는 선에서 여성성을 살려주는 차림이 좋다. 과하지 않은 길이의 치마나 핏 되고 깔끔한 색상의 상의면 적당할 것이다. 어젯밤까지 이 프레젠테이션을 완성하느라 밤을 샜다 하더라도 생기 있어 보이도록, 자신감 있어 보이도록 연출해주는 메이크업은 필수다.

또한 여러 후보들 중 여성을 발표자로 내세우려 한다면, 기본적인 자질이 비슷하다고 가정할 때 이왕이면 외모가 뛰어난 사람이 프레젠터가 되는 것이 좋다. 경쟁 프레젠테이션이라면 더더욱 그렇다.

물론 이러한 노골적인 주장이 불쾌하고 한편으로는 미심쩍을 것이다. 하지만 왜 뉴스를 전하는 아나운서들의 외모가 하나같이 훌륭한지, 날씨만 전하면 되는 기상 캐스터들은 왜 전부 여자이며 하나같이 늘씬한 몸매를 자랑하는지 생각해볼 필요가 있다. 그냥 날씨만 전하면 되는데 말이다.

"당신 머릿속엔 온통 불순하고 삐딱한 생각들만 들어차 있으니 그렇게 생각하는 것 아니냐."라고 말할 수도 있지만, 그건 내가 불순한 게 아니라 점잖고 지적인 이미지를 유지하기 위해 고담준론高談峻論이나 늘어놓는 전문가들이 차마 하지 못한 말을 대신했을 뿐이다. '이왕이면 다홍치마'라고 예쁘고 보기 좋은 프레젠터에게 발표를 듣고 싶은 건 당연한 본능이다. 고매하신 교수님과 박사님들 앞이라고 지나치게 얌전 뺄 필요 없다.

'누가 봐도 좋은 기회'라는 말은 이미 누가 봤기 때문에 더 이상 좋은 기회가 아니라는 의미이기도 하다. 앞으로 너도 나도 매력적인 여성을 프레젠터를 내세운다면 여성이 갖는 메리트도 곧 평준화되어 버릴 것이다. 마치 전문가들에게 면접 요령을 전수받은 구직자들이 비슷한 복장에 비슷한 대답을 하는 것처럼. 그러니 하루라도 빨리 용기 있게 움직이고 시도해야 여성만이 가진 강력하고 효과적인 프레젠테이션 무기를 선점하게 될 것이다.

그러니 주저하지 말고, 망설이지 말고, 얌전 빼지 말고 당당히 여성으로서의 매력을 드러내자. 어필하자. 확고한 목표의식

아래 뿜어져 나오는 여성의 매력은 절대 천박하지 않다. 본질만 훌륭하다면.

천편일률적인 복장, 당신을 평범하게 만든다

올 여름 휴가 차 다녀온 홍콩에서 나의 시선을 사로잡은 건 화려한 야경도 명품거리도 아니었다. 바로 테슬라TESLA 자동차 전시장이었다. 인터넷으로만 보던 테슬라를 직접 경험해볼 수 있다는 생각에 주저 없이 전시장으로 들어갔다. 생각보다 작고 아담한 전시장에는 2대의 차량이 전시되어 있었다.

전시장에서 가장 인상 깊었던 점은 영업사원들이 굉장히 젊다는 것이었다. 아니, 젊어 보였다는 표현이 더 정확하겠다. 바로 그들의 복장 때문이었다. 전부 청바지에 흰 남방을 입고 있었는데 어정쩡한 자세로 들어서는 나를 환한 미소로 반겨주었다. 영어도 서투른 내가 10분 남짓한 시간 동안 유쾌하게 테슬라를 구경하고 만져보고 타볼 수 있었던 이유는 순전히 영업사원들의 복장 때문이었다. 마치 자동차 동호회에서 만난 회원들과 이런저런 수다를 떨고 나온 느낌이었다.

반면 우리나라 수입차 전시장 영업사원들의 복장은 어떨까. 브랜드와 차종에 상관없이 모두 어두운 정장을 입고 있다. 헤어스타일은 마치 미용실에서 단체로 손질 받고 나온 것처럼 천편일률 적이다. 특히 부동자세로 전시장 입구에 서 있는 영업사원의 표정은 진지하다 못해 근엄 그 자체다. 많은 수입차 회사들이 소비자들의 진입장벽을 낮추기 위해 다양한 프로모션과 할부 프로그램을 운영하고 있는데, 가격만 낮출 것이 아니라 딱딱한 전시장 분위기부터 바꿔보는 게 어떨까. 부담스러워서 좀체 들어갈 수가 없다. 평범한 대학생도 지나가다 구경하고 싶으면 불쑥 들어갈 수 있을 정도가 되어야 하지 않을까. 물론 그런 고객들을 거르기 위해 일부러 조성한 분위기라고 한다면 할 말은 없지만.

안 그래도 진지하고 무거운 비즈니스 프레젠테이션이다. 거기에 복장마저 어둡고 무거운 것을 고집할 필요가 있을까. 치마 좀 짧으면 어떤가. 넥타이 좀 안 매면 어떤가. 때로는 헝클어진 머리와 덥수룩한 수염이 프레젠터의 열정과 진심을 더 잘 전달할 수도 있는 것이다.

27 드레스 리허설, 반드시 하라

큰 틀이 확정되고 해야 한다

보통 리허설이라고 하면 연습을 생각한다. 하지만 연습과 리허설은 엄연히 다르다. 연습이야 대부분 알아서 잘들 하지만 제대로 된 리허설에는 절차와 방법이 필요하다. 연습은 그냥 하면 되지만 리허설은 실제와 똑같이 해보는 시연이기 때문이다.

리허설의 첫 번째 조건은 큰 틀이 확정되어야 한다는 것이다. 여기서 말하는 큰 틀이란, 전략이나 킬링 메시지와 같은 프레젠테이션을 끌고 나가는 대전제를 포함하여 슬라이드의 구성과 디자인 그리고 발표자 선정까지 모두 확정된 상태를 말한다. 한마디로 갑자기 일정이 바뀌어 당장 내일이라도 프레젠테이션을 할 수 있을 정도로 완성도가 올라온 상태에서 해야 한다는 뜻이다. 물론 리허설을 하는 동안 수정은 계속될 것이다. 하지만 어디까지나 최소한의 수정이어야지 갑자기 전략을 바꾼다거나 디자인 콘셉트를 바꾼다거나 하는 큰 틀이 움직여버리면 리허설은 하나 마나다. 그러니 아무리 늦어지더라도 반드시 큰 틀이 확정된 후에 리허설에 돌입하여야 한다.

장소 역시 중요한데 만약 프레젠테이션 장소가 컨트롤이 되는 곳이라면 당연히 실제 프레젠테이션이 이루어지는 장소에서 리허설을 해야 한다. 하지만 경쟁 프레젠테이션일 경우에는 현실적으로 불가능한 경우가 많다. 대부분 발주처나 클라이언트가 소유, 혹은 지정한 장소에서 프레젠테이션이 이루어지기 때문이다. 이때는 최대한 양해를 구하여 할 수 있는 한 최대한 많이 그곳에서 리허설을 해봐야 한다. 물론 발주처 담당자가 보안을 목숨처럼 소중히 생각하는 성격의 소유자여서 전날 밤이나 당일 아침에 발표 장소를 알려주는 극악무도한 짓을 하는 경우에는 어쩔 수 없다.

하지만 무엇보다 가장 중요한 점은 프레젠터가 내용을 완벽하게 장악해야 한다는 것이다. 내레이션 원고 한 자 한 자, 슬라이드 순서 한 장 한 장을 완벽히 외우라는 소리가 아니다. 현실적으로 불가능할 뿐더러 어차피 리허설을 하는 동안 끊임없이 수정사항이 생기기 때문이다. 하지만 전체적인 내용과 전략을 발표자가 확실히 파악하고 있어야 수정을 해도 뭐가 어떻게 바뀌었는지를 빨리 알 수 있고 그래야 무리 없이 다시 리허설에 돌입할 수 있다.

그렇기 때문에 슬라이드 만드는 사람 따로, 원고 쓰는 사람 따로, 발표하는 사람 따로, 이렇게 각개전투 하듯이 프레젠테이션을 준비하게 되면 수정 사항이 많아질수록 엄청난 혼란이 야기된다. 괜히 철야를 하고 주말까지 출근하는 게 아니다. 이러한 것들을 전부 컨트롤하고 책임질 수 있는 감독이 절대적으로 필요한 이유다. 물론 팀장이 그러한 능력을 보유하고 있다면 더할 나위 없이 좋겠지만 그게 안 된다면 외부에서 전문 인력이라도 수혈하여 누군가는 프레젠테이션의 중심을 잡아줘야 한다.

드레스 리허설, 현장감을 높여라

피겨 스케이팅 선수들이 빙판 적응 훈련을 마치고 나면 반드시 하는 과정이 있다. 바로 드레스 리허설이다. 경기 의상을 입고 실제 음악에 맞춰 똑같이 스케이팅을 해보는 것이다. 실제 경기에서 입는 옷을 입고 하면 다를까? 당연히 다르다. 우선 트레이닝복을 입고 탈 때와 드레스를 입고 탈 때, 동작의 느낌이 다르다. 그리고 무엇보다 기분이 다르다. '이제, 진짜 시합이구나. 드디어 실전이구나.'라는 생각이 드는 것이다. 실전에 들어가기 전 마지막 점검이라는 생각에 더 집중하게 된다. 용어와 형식만 조금씩 다를 뿐 사람들 앞에 서는 직업을 가진 사람들은 반드시 이러한 드레스 리허설 단계를 거친다.

프레젠테이션도 당연히 드레스 리허설이 필요하다. 우선 평소에 잘 입지 않는 스타일의 옷을 입고 프레젠테이션을 한다면 당연히 그 옷을 입고 리허설을 해보아야 한다. 손동작과 걸음걸이는 물론 가만히 서 있을 때조차도 옷이 영향을 미치기 때문이다. 그리고 잊지 말아야 할 사실은 실전에서는 폭발적인 긴장감으로 인해 내 몸이 내 몸이 아닌 경우가 많다는 점이다. 그런데 평소에 잘 입지도 않는 옷 때문에 복장마저 불편하다면 어떻게 되겠는가.

그리고 다시 한 번 강조하지만 프레젠테이션에 어울리는, 프레젠테이션에 맞는 복장이란 없다. 상식적으로 생각해서 깔끔하고 예의에 어긋나는 복장만 아니면 된다. 경조사에 갈 때 입지 말아야 할 옷을 구별할 줄 아는 상식만 있으면 된다는 뜻이다.

전략적으로 복장을 선택했을 때라면, 특히 드레스 리허설에 공을 들여야 한다. 이때는 복장 자체가 전략이고 프레젠테이션의 일부이기 때문에 반드시, 반드시 드레스 리허설을 통해 점검을 해야 한다.

'제주도 국제학교 가구납품 경쟁 입찰 프레젠테이션'을 준비할 당시, 남성 발표자는 흰색 와이셔츠에 녹색 보타이, 여성 발표자는 흰색 블라우스에 녹색 스카프를 매는 복장 전략을 수립했었다. 당시 우리가 준비한 킬링 메시지를 복장으로 한 번 더 강조하는 부분인 만큼 복장의 역할이 중요했는데, 이제 와 고백하자면 당시에 드레스 리허설을 하지 않았다. 빼먹은 것이다. 내가 왜 그런 어처구니없는 실수를 했는지 잘 기억나지 않지만 뭔가 사정이 있었을 것이다. 그럼에도 불구하고 반드시 드레스 리허설을 했어야 했다. 다행히 프레젠테이션도 잘 끝났고 입찰 결과도 좋았지만 지금 생각하면 참으로 어처구니없는 기억이다.

물론 꼭 특정한 복장이나 안 입던 옷을 입었을 때만 드레스 리허설을 하는 건 아니다. 평범한 복장이라도 발표 당일 입을 옷이 정해져 있다면 반드시 그 옷을 입고 드레스 리허설을 해봐야 한다. 앞서 말한 대로 '이제 진짜 실전이구나. 마지막 점검이구나.'와 같은 기분과 함께 몰입도 있는 점검을 해볼 수 있기 때문이다. 그렇기 때문에 드레스 리허설은 해당 프로젝트의 팀원들뿐만 아니라 조직의 모든 구성원이 함께 긴장하고 진중하게 임해야 하는 성스러운 시간이 되어야 한다.

컵라면도 집에서 먹는 것과 산에서 먹는 것이 다르다

리허설은 엄청난 체력과 집중력을 필요로 한다. 가령 10분짜리 프레젠테이션을 리허설 한다면 10분 동안 똑같은 에너지로 시연을 하는 것인데 제스처는 물론 강약까지 조절해가며 10분 동안 반복해서 떠든다는 게 여간 힘든 일이 아니다. 국수 조훈현 9단은 《조훈현, 고수의 생각법》에서 체력전의 고충을 토로한 적이 있는데 그만큼 집중해서 머리를 쓴다는 건 힘든 일이다.

그런데 프레젠테이션 리허설은 몸과 머리를 다 써야 하니 얼마나 힘들겠는가. 그렇게 힘든 리허설을 반복하다 보면 반드시 슬럼프에 빠지게 된다. 중요한 프레젠테이션이니 안 할 수도 없고 계속 하자니 몸이 힘들다. 몸은 움직이는데 머리와 마음은 따라주지 못하는 답보 상태가 지속되는 것이다. 그럴 때는 과감하게 떠나야 한다. 사무실과 회의실을 벗어나란 소리다. "또 밖으로 나가라는 소리냐!"라고 하겠지만 다 검증된 방법이고 이유가 있으니 하는 말이다.

요즘 카페에 가보면 노트북을 펴 놓고 작업이나 공부를 하는 사람들을 어렵지 않게 볼 수 있다. 도서관인지 카페인지 헷갈릴 정도다. 나 역시 지금 이 글을 광화문의 한 카페에서 쓰고 있다. 그들이 집이 없고 책상이 없어서 카페를 찾는 것이 아니다. 집에서 할 때와는 '전혀' 다르기 때문이다. 공부나 작업과 전혀 어울리지 않는 환경에 자신을 던짐으로써 머리와 정신이 환기되는 경험을 선사하는 것이다. 못 믿겠으면 지금 당장 노트북과 서류를 챙겨 들고 근처 카페라도 가보라. 서류와 보고서 내용들이 전혀 다르게 다가올 것이다. 똑같은 컵라면이라도 집에서 먹는 것과 산 정상에서 먹는 맛이 다르지 않던가. 같은 이치다.

여유 있게 프레젠테이션을 준비하는 경우가 극히 드물다는 건 알지만, 발표 날짜 기준으로 일주일 정도 리허설 기간을 잡는다고 가정하면 보통 4, 5일 차에 슬럼프가 올 것이다. 물론 더 빨리 올 수도 있다. 이때 미리 1박 2일로 리프레시 투어 일정을 잡아놓는다. 그리고 떠나는 것이다. 장소는 어디가 좋을까? 2시간 정도의 근교에 전망이 시원한 펜션이라면 안성맞춤이다.

독채라면 금상첨화다. 다른 숙박객들의 소음이 리허설과 회의를 방해할 수 있으니까. 반드시 펜션이나 리조트여야 한다. 회사 소유의 연수원은 안 된다. 연수원은 사무실을 지방으로 옮겨다 놓은 것에 불과하다. 반드시 "우리는 지금 놀러 왔다."라는 느낌이 물씬 풍기는 색다른 장소여야 한다.

펜션 거실에 반바지 차림의 편한 복장으로 둘러앉아 자료와 서류를 들여다보라. 지겹게 보던 자료가 전혀 새롭게 다가올 것이다. 패션잡지처럼 보일 것이다. 거짓말이 아니다. 팀원들끼리 오가는 대화나 아이디어도 갓 잡아 올린 생선처럼 힘차게 파닥거릴 것이다. 너무 싱싱해서 초장 생각이 간절할 정도다. 이제 리허설을 해보자. 딱딱하고 칙칙한 회의실에선 볼 수 없었던 광경이 펼쳐진다. 발표자의 표정과 말투에는 에너지가 넘치고 팀원들이 쏟아내는 아이디어와 피드백은 다시 한 번 초장 생각이 간절하게 만들 것이다.

한마디로 리허설이 신나고 재미있어지는 것이다. 자고로 노력하는 자는 즐기는 자를 이길 수 없다고 했다. 저녁에는 고기도 굽고 술도 한 잔 하면서 그동안 고생한 팀원들끼리 서로 격려도 하고 쌓인 오해나 앙금도 풀어내도록 하자. 머리뿐만이 아니라 마음속 감정도 전부 리프레시 해버리는 것이다.

하이라이트는 바로 다음 날 아침이다. 리프레시 투어의 목적은 놀러 온 기분을 느끼는 것이지 진짜로 놀라온 것이 아니기 때문에 전날의 과음으로 늦잠을 잔다면 소기의 목적을 달성할 수 없다. 아침 일찍 일어나라. 5시도 좋고 6시도 좋다. 인간의 뇌가 가장 총명한 아침에 회의를 하는 것이다. 아침 일찍 하는 회의 30분은 오후에 하는 회의 3시간과 맞먹는다. 진한 아메리카노 향기를 맡으며 전날 쏟아져 나온 아이디어와 내용들을 다시 한 번 냉정히 검토해봐야 한다. 전날 밤 쓴 연애편지가 괜히 아침에 찢어발겨지는 게 아니다. 물론 아침에 상쾌한 기분으로 리허설을 한 번 더 해보는 것도 좋다.

상상해보자. 은은한 커피 향이 진동하는 아침에 한 폭의 수채화처럼 펼쳐진 수변을 병풍 삼아 테라스에서 프레젠테이션을 점검하는 모습을. 아름답지 아니한가 말이다. 혁신은 멀리 있는 게 아니다. 어려운 게 아니다. 이런 게 바로 혁신이다.

단, 주말이나 휴일을 끼어서 투어를 간다는 말도 안 되는 발상은 개밥그릇에나 담아두기 바란다. 남들 다 쉬는 주말에 회사 사람들과 펜션에서 리허설이나 하고 앉아 있으면 참 잘도 되겠다. 그건 리프레시가 아니라 스트레스 투어다. 어처구니없는 근시안적인 발상을 하는 인간들이 하도 많기에 노파심에 하는 말이다.

그렇다면 이러한 과정을 책임지고 추진하는 사람은 누구일까? 당연히 팀장이다. 열심히 좀 하라고, 제대로 좀 하라고, 힘들지만 조금만 힘내자고 윽박지르기만 하지 말고 이러한 이벤트라도 만들어서 팀원들에게 끊임없이 동기를 불어 넣어주어야 한다. 법인카드는 그러라고 쥐어주는 것이다. 물론 이렇게까지 설명했는데도 "멀쩡한 회의실 놔두고 무슨 놈의 펜션이야?" 이 한마디면 전부 부질없는 짓이 되어버리지만.

최종 리허설 체크 포인트

1. 동선까지 시연하라

앞서 말했듯이 드레스 리허설의 가장 좋은 환경은 실제 프레젠테이션이 이루어지는 장소에서 하는 것이다. 여의치 않을 경우엔 최대한 실제 장소와 똑같은 환경을 조성해서 리허설을 해야 한다. 프레젠터가 여러 명일 경우 입장과 퇴장의 동선을 어떻게 가져갈 것인지, 마이크는 어떻게 주고받을 것인지까지 계산해서 리허설에 임해야 한다. 발표 중간에 제품 샘플을 보여줄 경우에는 누가 어디서 대기하고 있다가 어떻게 앞으로 가지고 나올 것인지까지 똑같이 해봐야 한다. 그래야 발표 당일, 허둥대는 모습을 보이지 않는다.

럭셔리 호텔 예약 전문 웹사이트의 런칭 기자회견 프레젠테이션을 준비할 때 일이다. 준비 시간이 워낙 촉박하여 현장 리허설을 제대로 하지 못하고 프레젠테이션을 진행했는데 결국 질문하는 기자들에게 마이크를 건네줄 사람을 정하지 못하여 음식을 서브하던 호텔 직원이 마이크를 들고 이리저리 뛰어다니는 웃지 못할 촌극이 벌어진 적이 있었다. 반드시 처음부터 끝까지 리허설을 해봐야 한다.

2. 임원들 의견은 그러려니 해라

최종 리허설에는 당연히 임원들이 총출동한다. 그리고 발표가 끝나면 임원들의 피드백이 쏟아진다. 이때 중요한 건 그들의 태도다. 프로젝트에 깊이 관련되어 있는 임원도 있고 전혀 상관없는 임원도 있다. 팀장과 사이가 좋은 임원도 있고 나쁜 임원도 있다. '어디 니들이 얼마나 잘하나 보자.'라는 심보로 바라보는 임원도 있고 심지어 결과가 나쁘기를 바라는 '내부의 적'도 있다. 같이 동석한 사장님께 점수를 따기 위해 별의별 소리를 다 하는 임원도 있으며 "당신 임원 맞느냐?"라는 말이 목구멍 8부 능선까지 치고 올라오게 만드는 답답한 소리만 늘어놓는 임원도 있다.

내 경험에 의하면 정말 귀담아 들을 만한, 그래서 당장 반영해야만 하는 놀라운 통찰력을 보여주는 임원은 5%도 되지 않는다. 그러니 그들의 피드백은 그냥 넘어야만 하는 작은 언덕이라 생각하고 크게 의미 부여하지는 말자. 상처받지 말고 어깨 피란 소리다.

3. 설문지를 받아라

임원들의 피드백은 알아서 거르면 되지만 천천히 그리고 곰곰이 검토해봐야 하는 피드백이 있다. 바로 중간 관리자급 이하의 동료들이 주는 피드백이다. 임원들이야 계급이 깡패라고 앉은 자리에서 바로 의견을 말할 수 있지만 일반 사원들은 임원들의 눈치와 엄숙한 리허설 분위기에 눌려 제대로 의견을 개진하지 못한다. 그러니 반드시 그들이 자유로이 의견을 말할 수 있도록 무기명 설문지를 받아야 한다.

그들이 설문지에 작성한 내용들은 피가 되고 뼈가 되는 날카로운 의견들이다. 그러니 반드시 설문지를 받아야 한다. 그리고 모든 팀원들이 모여 앉아 설문지를 돌려보며 다시 한 번 프레젠테이션을 점검해야 한다.

끝으로 최종 리허설(드레스 리허설)은 결전일 이틀 전에 하는 게 적당하다. 너무 일찍 하면 최종의 의미가 없고 너무 늦으면 중요한 의견을 반영하여 다시 적용, 연습할 시간이 부족하기 때문이다.

28

목소리는 옵션일 뿐이다

중학생 시절 '폰팅'이라는 게 있었다. 핸드폰은 물론 삐삐도 없던 시절인지라 아무 번호로 전화를 건 다음 목소리가 어리고 예쁜 여자가 전화를 받으면 다짜고짜 "폰팅 하실래요?"라고 물어보는 그야말로 무식의 끝을 달리는, 정말 밑도 끝도 없는 시스템이었다. 하지만 그 당시엔 통신기술을 이용한 최고의 미팅 솔루션이었으므로 꽤 성공 확률이 높았는데 재미있는 사실은 나는 내 성공률이 높은 이유가 소위 말하는 '말빨' 때문인 줄 알았다는 것이다.

하지만 성인이 되고 직장생활을 하면서 놀라운 사실을 알게 되었다. 내 전화 통화 목소리가 아주 좋았던 것이다. 나와 통화를 한 여성들은 어느 정도 친분이 생기고 나면 거의 대부분 나의 통화 목소리를 칭찬했다. 당황스러웠다. 통화를 할 때 일부러 목소리를 좋게 내려고 의식한 적도 없고 오히려 나의 평소 대화에서는 목소리 톤이 날카롭고 말투는 딱딱 끊어져 안 좋은 오해를 많이 받아왔기 때문이다.

무엇보다 나를 가장 당황시키는 건 바로 강연이 끝난 후 "어떻게 하면 강사님처럼 좋은 목소리를 낼 수 있느냐?"는 질문을 받을 때였다. 나는 일명 '생목'으로 강의한다. 목소리를 의식하지도 관리하지도 않는다. 직업적인 전문 강사도 아닐뿐더러 나에게 목소리는 '좋으면 좋고 아니면 말고'인 말 그대로 옵션일 뿐이다. 한마디로 목소리에 관해서는 그 어느 누구에게도 조언을 해줄 수가 없다.

눈물겨운 노력은 눈물만 날 뿐 아무런 효과 없다

《주역》에서도 목소리를 '사람의 운과 운명에 있어 아주 중요한 요소'로 다룰 정도로 좋은 목소리는 분명 인생을 살아가는 데 있어서 좋은 무기이다. 같은 말이라도 짜증이 밀려오는 목소리가 있는가 하면 어떤 목소리는 굉장히 편하고 듣기 좋은 목소리가 있으니 말이다. 일례로 "밥 사달라."는 똑같은 말이라도 밥그릇으로 주둥아리를 갈겨버리고 싶은 목소리가 있는가 하면, 최고급 레스토랑에 가서 대접을 하고 싶은 목소리도 있다.

당연히 프레젠테이션에도 좋은 목소리가 좋다. 하지만 그게 다다. 목소리 좋다고 경쟁 프레젠테이션에서 이기지도 않지만 나쁘다고 떨어지지도 않는다는 뜻이다. 간혹 "그래도 똑같은 조건이면 목소리가 좋은 프레젠터가 유리하지 않느냐?"는 질문을 하는 사람들이 있는데, 이 세상에 똑같은 조건을 가진 프레젠테이션은 없다. 차라리 당신 얼굴과 똑같은 사람을 찾는 게 더 빠를 것이다.

물론 좋은 목소리는 프레젠테이션에 날개를 달아줄 것이다. 하지만 날개만 달면 뭐 하나. 엔진이 좋아야 할 것 아닌가. 그렇다. 또 본질 이야기를 하는 것이다. 자동차를 고를 때 선루프 먼저 보는 사람은 없다. 어떤 바보가 옵션 때문에 차를 사겠는가. 차가 먼저고 옵션은 예산과 필요에 따라 선택하면 되는 것이다.

프레젠터의 목소리가 좋으면 말 그대로 좋은 것이다. 프레젠터가 목소리가 나쁘면 말 그대로 나쁜 것이다. 그뿐이다. 그 이상도 이하도 아니다. 물론 심하게 말을 더듬는다거나 혀가 아주 짧아서 청중이 잘 알아듣지 못할 정도라면 이때는 당연히 프레젠터 교체와 같은 특단의 조치를 취해야 하지만 타고난 목소리를 도대체 어쩌란 말인가.

발음 역시 마찬가지다. 내가 프레젠테이션 디자이너이던 시절이니 꽤 오래전 일이다. 건설회사 합사에 파견되어 파워포인트 작업을 하고 있는데 옆방에서 시끄러운 소리가 들렸다. 처음에는 누가 물고문을 당하는 줄 알았다. 알고 보니 발표를 맡은 임원이 발음 교정을 위해 볼펜을 입에 물고 원고를 읽는 소리였다. 시나리오 작가가 시킨 짓이었다. 50년 넘게 해오던 발음이 볼펜 며칠 입에 문다고 바뀔 리도 없을뿐더러 설사 바뀐다 한들 긴장되는 프레젠테이션 현장에서 학습 효과가 나타날 리도 만무하다. 눈물겨운 노력은 눈물만 날뿐 아무런 효과도 없다.

그 어떤 스킬도
내 몸이 기억해야 내 거다

그렇다고 내가 배움과 노력을 부정하는 것은 아니다. 좋은 목소리를 위해 연습은 물론 공부까지 한다면 이는 정말 대단한 일이다. 그것도 업무에 바쁜 직장인이 말이다. 하지만 만약 당신이 회사의 전속 프레젠터라면, 그래서 중요한 발표를 한 달에 한 번씩 꾸준히 한다면, 그렇다면 당연히 스피치 학원으로 달려가야 한다. 앞에서 말했듯이 좋은 목소리는 프레젠테이션뿐만 아니라 인생에도 날개를 달아주기 때문에 장기적으로 도움이 될 것이다.

하지만 당장 다음 주, 다음 달, 혹은 언젠가 있을지 모르는 프레젠테이션을 위해 보이스 트레이닝을 받고자 한다면 결사적으로 말리고 싶다. 다시 한 번 말하지만 그 짧은 시간 동안 목소리나 발음이 바뀔 리도 만무하며 설사 바뀐다 한들 실전에서 그 효과가 나타날 가능성은 거의 희박하다. 앞서 설명했듯이 어떤 스킬이든 내 몸이 기억해야 진짜 내 것이지 잠깐 흉내만 낸 것은 내 것이 아니다.

그리고 가장 회의적인 건 보이스 트레이닝을 위해 시간을 투자한다면 필연적으로 다른 곳에 투자할 시간을 빼앗긴다는 것이다. 본질을 더 들여다본다거나, 내용에 대한 확신을 스스로에게 묻는다거나 하는 시간 말이다. 자신이 발표하는 내용에 대한 확신도 없으면서 목소리만 바꾼다고 청중이 프레젠테이션에 한 표를 던지고 마음을 열 거라고 생각하면 크나큰 오산이다.

제발 현명하게 생각하기 바란다. 스티브 잡스가 복식 호흡을 했다는 소리는 그 어디에서도 들어보지 못했다. 좋은 목소리를 내기 위해 스피치 학원에 갈 시간에 발표 현장에 가서 한 번 더 확인할 사항은 없는지, 슬라이드에 빠진 부분이나 잘못된 부분은 없는지 체크해라. 목소리나 발음을 바꾸는 것보다 훨씬 더 중요하고 시급한 사항은 너무나도 많다. 마지막으로 누군가가 단도직입적으로 "스피치 학원, 다녀야 하는가?"라고 묻는 다면 나의 대답은, "장기적인 차원에서 멋진 목소리를 갖고 싶다면 다녀라."이다.

하지만 어쩌다 한 번 있을지 모를 프레젠테이션을 위해서라면, 그리고 당장 다음 주, 다음 달에 있는 프레젠테이션을 위해 스피치 학원을 다닐 거라면 차라리 그 돈으로 나랑 강릉에 가서 회나 한 접시 하자. 커피는 내가 사겠다.

29

'갑'이 되어 프레젠테이션을 바라보라

옛말 틀린 거 하나 없다.

백문이불여일견

2007년에 방영했던 드라마 '하얀거탑'은 '여명의 눈동자'와 함께 내 인생 드라마다. 워낙 명장면도 많았지만 특히 인상 깊었던 장면은 수술실 장면이다. 사실 수술과 관련된 급박한 연출이야 영화나 드라마나 다 비슷하지만 가장 인상 깊었던 부분은 수술을 라이브로 관람할 수 있는 복층 구조의 참관실이었다. 실제로 그런 참관실을 두고 있는 병원은 없다는 기사를 본적이 있는데 지금 생각해봐도 참 괜찮은 시설이라는 생각이 든다. 드라마에서는 극의 흐름을 바꿀 수 있는 중요한 수술인 경우, 동료 의사들이 참관실에 모여 주인공인 장준혁 과장의 집도를 숨죽이며 지켜보는 장면이 여러 차례 나오는데 특히 의대생들이 참관실에 일렬로 도열하여 장준혁 과장이 집도하는 모습과 코멘트를 노트하는 모습은 무척이나 인상 깊었다. 제일 좋은 교육은 직접 해보는 것이지만 그게 아니라면 차선은 직접 보는 것이니까 말이다.

많은 기업들이 직원들의 프레젠테이션 능력을 향상시키기 위해 투자를 한다. 여유가 되는 대기업들은 나 같은 업자를 초빙해 교육을 시키기도 하고 사정이 여의치 않은 회사들은 환급 과정에 직원들을 보내기도 한다. 물론 그마저도 지원받지 못하는 직장인들은 사비를 들이거나 무료 강연을 전전한다. 이처럼 형태와 규모는 다르지만 공통된 분모는 하나다. 바로 '교육'을 받는다는 것이다.

문제는 이러한 교육들이 말 그대로 교육으로 끝난다는 데 있다. 아무리 사례를 듣고 강사의 노하우를 필기해가며 머릿속에 저장한들 실전에서 그러한 내용들이 생각날 리 만무하거니와 기억난다 한들 당장 내가 해야 할 프레젠테이션에 적용할 수 있는 순발력과 응용력이 있을지 심히 의심스럽다. 물론 난 없다고 본다. 위에서도 말했지만 최고의 교육은 직접해보는 것이다.

하지만 냉정히 말해서 광고대행사나 제안 팀에 소속된 전문 프레젠터가 아닌 이상 평범한 직장인이 프레젠테이션을 직접 해볼 기회가, 그것도 교육의 기회로 삼을 만큼의 충분한 기회가 과연 몇 번이나 될까. 현실적으로 직접 행함을 통한 교육은 거의 불가능하다고 봐야 한다.

그렇다면 차선의 방법은 직접 보는 것인데 이 또한 문제인 것이 도대체 프레젠테이션을 어디서 본단 말인가. 기껏해야 인터넷에서 스티브 잡스의 프레젠테이션이나 TED 영상을 찾아보는 게 고작이다. 하지만 그마저도 내 프레젠테이션이 아니라 남의 프레젠테이션이다. 우리 회사 프레젠테이션이 아니라 다른 회사의 프레젠테이션이다. 즉, 내 것이 아니라는 뜻이다. 구경을 하더라도 우리 회사와 관련된 혹은 우리 회사 직원이 하는 프레젠테이션을 본다면 더 효과적이지 않을까?

'관계자 외 출입금지. 리허설 중'

그런 공간을 만들면 된다. 회사 내에 프레젠테이션 전용 공간을 만드는 것이다. 클 필요도 없다. 일반 소극장보다 조금 작은 30석 정도의 작은 규모면 된다. 대부분의 경쟁 프레젠테이션의 현장은 규모가 작기 때문이다. 그렇게 프레젠테이션 전용 공간을 만든 다음 우리 회사와 일을 하거나 협력을 맺기 위해 제안을 하는 협력사들의 프레젠테이션을 전부 이곳에서 시키는 것이다. 그리고 프레젠테이션 일정이 잡히면 다음과 같이 전사 시스템에 공지를 올린다.

"금일 오후 2시, 우리 회사 '구내식당 운영업체 선정'을 위한 경쟁 프레젠테이션이 있을 예정이오니 관심 있는 직원 분들은 참관 바랍니다."

이제 감이 오는가. 다른 회사 직원들이 우리 회사와 일하기 위해 치열하게 경쟁을 펼치는 생생한 프레젠테이션 현장을 라이브로 감상할 수 있는 시스템이 구축되는 것이다. 진짜 살아 있는 리얼한 프레젠테이션, 그것도 경쟁 프레젠테이션을 일반 직장인들이 실제로 볼 수 있는 기회는 생각만큼 많지 않다. 발표를 하는 당사자도 아니고 심사를 하는 클라이언트의 입장도 아닌 정말 마음 편한 제삼자의 입장에서 객관적으로 프레젠테이션을 볼 수 있는 것이다.

이러한 프레젠테이션 전용 공간을 운영하면 어떤 장점이 있을까. 나조차도 다 가늠할 수 없을 정도로 많은 장점이 있다. 일단 몇 개만 소개하자면 다음과 같다.

우선 가장 큰 장점은 심사위원이나 클라이언트의 입장이 되어 보는 경험을 할 수 있다는 것이다. 현재 프레젠테이션 교육, 특히 발표에 관한 교육의 가장 큰 취약점은 클라이언트나 심사위원의 입장에서 프레젠테이션을 바라볼 기회가 없다는 것이다. 현실적으로 평범한 직장인들이 어디서 그런 경험을 해본단 말인가. 불가능하다. 하지만 전용 공간이 있으면 참관석에 앉아 소위 말하는 '갑'의 입장이 되어 프레젠테이션을 바라볼 수 있다. 그러면 그 전에는 알지 못했던 아니, 절대 알 수도 없고 볼 수도 없었던 것들을 볼 수 있게 된다. 다음과 같은 것들 말이다.

'저렇게 인사하니까 너무 없어 보이는구나.'

'뭐야, 목차는 눈에 들어오지도 않잖아! 이제부터 목차는 빼는 게 좋겠어.'

'왜 빨리 본론이 안 나오고 쓸데없는 말만 하고 있는 거야?'

'흰색 바탕의 슬라이드도 의외로 괜찮은데!'

'저 회사는 준비를 정말 많이 했네. 역시 정성을 들이니까 티가 나는구나.'

그야말로 살아 있는 프레젠테이션 교육 현장이 되는 것이다. 그리고 저렇게 발표해도 되나 싶은 부분이 있으면 해당 부서 동료에게 바로 확인해볼 수도 있다.

"처음에 발표했던 회사는 내용이 좀 도발적이던데 사장님(혹은 전무님)은 뭐라 그러시던가요?"

이렇게 말이다. 이 얼마나 기가 막힌 솔루션인가. 이렇게 기막힌 솔루션을 공개적으로 오픈한다는 게 아까울 정도다.

그다음 장점으로는 리허설다운 리허설을 할 수 있다는 것이다. 성공적인 프레젠테이션을 위해 연습을 많이 해야 한다는 사실은 누구나 다 안다. 물론 그렇게 안 하니 문제긴 하지만 말이다. 즉, 연습의 중요성은 누구나 다 알고 있다. 하지만 리허설의 중요성을 아는 사람은 많지 않다. 연습과 리허설은 엄연히 다르다. 연습은 평소 아무 때나 할 수 있지만 리허설은 다르다. 리허설은 한마디로 실전처럼 해보는 것이다. 물론 실제 발표할 장소에서 해보는 것이 최선이지만 현실적으로 불가능한 경우가 많다. 특히 관에서 주최하는 경쟁 프레젠테이션 같은 경우에는 발표 장소를 전날이나 당일에 통보하기도 한다.

그렇다면 가장 발표 현장과 비슷한 분위기를 연출할 수 있는 공간에서 해보는 것이 최선인데, 문제는 그런 공간이 없다는 것이다. 회의실은 너무 크거나 너무 작다. 차분히 리허설 좀 할라치면 다른 부서 인원들이 회의실을 쓰기 위해 벌컥벌컥 문을 열어젖힌다. 조명이나 음향시설 그리고 빔 프로젝터와 스크린의 사양들도 실전과 같은 느낌을 주기 어렵다. 하지만 전용 공간이 있으면 그곳에서 리허설을 하면 된다. 출입구에 '관계자 외 출입금지. 리허설 중'이라는 간판을 걸어놓고 집중해서 리허설을 하는 것이다. 프레젠테이션 전용 공간에서 하는 리허설이니만큼 집중도와 효율성은 말할 것도 없을 것이다.

마지막 장점은 협력사들이 최고의 컨디션으로 프레젠테이션을 할 수 있다는 것이다. 프레젠테이션 날짜가 잡히면 참가 업체들에게 이번 경쟁 프레젠테이션은 당사 프레젠테이션 전용 공간에서 있을 예정이니 리허설을 희망하는 업체는 미리 신청하기 바란다는 공지를 띄우는 것이다. 미치지 않고서야 공지를 무시하는 업체는 없을 것이다. 그들에게 마음껏 공간을 둘러보게 하고 리허설 시간도 충분히 주자. 각종 시설은 물론 그들이 사용하기 원하는 장비나 시설도 마음껏 사용할 수 있도록 하자. 그리고 그들이 궁금해하는 것들은 최대한 성실히 답변해주도록 하자. 예를 들면 사장님이나 본부장님은 보통 어느 자리에 앉으시는지와 같은 것들 말이다. 한마디로 그들이 최고의 조건에서 제대로 프레젠테이션을 할 수 있도록 해주는 것이다.

물론 마지못해 회사를 다니는 직장인들은 "그냥 와서 USB 꼽고 하라고 하면 되지 귀찮게 뭐 그런 것까지 신경을 써주느냐."라고 하겠지만 생각해보자. 협력사들이 준비한 내용들은 누구를 위한 내용인가. 바로 우리 회사를 위한 내용이다. 그들이 최상의 조건에서 불편함 없이 제대로 프레젠테이션을 할 수 있어야 우리 역시 최고의 협력사를 선정할 확률이 높지 않겠는가. 물론 누군가는 그들을 맞이해야 하고 그들을 전용 공간으로 안내해야 할 것이며 각종 시스템의 기능을 알려주어야 할 것이다. 하지만 분명 그럴만한 가치가 있는 일이고 빔 프로젝터를 들고 이 회의실, 저 회의실을 뛰어다니는 것보다 훨씬 능률적인 일이다.

물론 비용이 드는 일이다. 생각보다 많은 비용이 들어갈 수도 있다. 하지만 그로 인한 장점과 보이지 않는 효과들은 투자한 비용보다 훨씬 클 것이다. 정말 제대로 된 프레젠테이션 교육을 직원들에게 시키고 싶은 오너라면 진지하게 고려해보기 바란다. 어쭙잖은 스피치 강사 불러다가 복식호흡 한답시고 직원들에게 이상한 짓이나 시키지 말고 말이다.

대화를 하라, 사람과 진짜 대화를 하라

어느 기업 회장과 차를 마실 기회가 있었다. 40대 부부와 초등학생 딸이 함께 동석한 자리였는데, 조합에서 볼 수 있듯이 지루하기 짝이 없는 자리였다. 며칠 후에 그 부부를 다시 만났는데 엄마라는 사람이 느닷없이 나에게 스마트폰을 보여주면서 자랑을 늘어놓기 시작했다. 자기 딸이 그때 만났던 회장과 카톡을 주고받았다는 것이다. 내용을 보니 통상적인 안부를 묻는 대화였고 회장이 프리한 스타일이라 그런지 젊은 친구들이 쓰는 이모티콘을 곁들여 살갑게 문자를 주고받은 모양이었다. 아이 엄마는 자기 딸이 회장과 카톡을 주고받았다는 사실을 꽤나 자랑스러워했다. 말이 좋아 회장이지 대기업도 아닌 일반 중소기업 회장일 뿐인데도 그 정도니 만약 대기업 회장이랑 주고받았다면 캡처한 화면을 액자에 넣어 집안 가보로 보존이라도 할 기세였다. 아무튼 그런 엄마의 얼굴을 보면서 진심으로 안타까웠다.

'당신 딸이 그날 어땠는지나 알고 그런 말을 하는 거냐.'

실상은 이랬다. 그날 차를 마시는 자리에서 회장은 그 딸아이에게 여러 가지 질문을 하면서 말을 걸었는데 아이는 고개도 제대로 들지 못한 채 몸을 배배 꼬아가며 기어들어가는 목소리로 대답도 겨우 했다. 회장과 눈도 제대로 못 마주쳤다. 식사 자리에서도 마찬가지였다. 나 같으면 "어른이 물어보면 대답을 똑바로 해야 한다."거나 "사람과 대화할 때는 얼굴을 쳐다보면서 해야 한다."거나 하면서 아이에게 교육을 시켰을 텐데 부모는 아는지 모르는지 연신 싱글벙글했다. 그러고는 자기 딸이 회장과 카톡을 주고받았다며 좋아하는 모습이라니.

알렉스 퍼거슨은 말했다,
"SNS는 인생의 낭비다"

나중에 이 아이는 어떻게 될까. 어쩌면 가장 기본적인 자신의 생각과 감정조차 언어로 표현하지 못한 채 스마트폰에 얼굴을 처박고 엄지손가락으로 액정이나 눌러대는 사람 중 한 명이 되지 않을까. 요즘 아이들은 카카오톡이나 SNS상에서 오가는 내용들이 진짜 대화라는 착각 속에서 살고 있다. 이는 엄청난 문제다. 생각해보라. 지금의 부모들은 인터넷과 스마트폰이 없던 시대를 경험한 세대다.

하지만 요즘의 아이들, 특히 초등학생들은 태어날 때부터 인터넷과 스마트폰의 환경 속에서 자란다. 즉, 대화는 원래 문자로 주고받는 것이라고 착각하며 살게 되는 것이다. 식당이나 카페에 가보면 초중고 자녀들과 함께 온 가족들이 전부 스마트폰만 붙들고 있는 장면을 어렵지 않게 볼 수 있다. 젊은 엄마들은 아이에게 스마트폰을 쥐어주고 자신들은 신나게 수다를 떨며 브런치를 먹는다.

그런 환경 속에서 자란 아이가 사회에 나가 사람들과 원활하게 커뮤니케이션을 하고 더 나아가 수많은 사람들 앞에서 마이크를 잡고 자신의 생각과 계획을 발표할 수 있을 것이라는 기대는 애초부터 하지 않는 게 좋다. 지금도 대학교에 특강을 나가 학생들에게 발표나 질문을 시켜보면 마치 자신에게 엄청난 고난이라도 닥친 것인 양 어쩔 줄 모르는 친구들이 태반인데, 더 어린 지금의 초등학생들이나 유치원생 아이들은 어떻겠는가.

나는 카카오톡을 쓰지 않는다. 카카오톡을 삭제한 가장 큰 이유는 대화를 많이 하기 위해서다. 말이라는 게 참 희한해서 근육이나 두뇌처럼 자주 사용하지 않으면, 소위 말해 말발이 현저히 퇴화됨을 느낀다. 말과 글로 먹고 사는 나에게 언어 능력의 후퇴는 있을 수 없는 일이기에 문자보단 전화를, 전화보단 직접 얼굴을 마주 보고 이야기하는 오프라인 대화를 더 선호한다. 같은 내용이라도 문자로 주고받을 때와 목소리를 들으며 통화를 할 때가 느낌이 다르고 얼굴을 보며 대화를 할 때가 또 다르다. 나는 상대방의 표정과 목소리를 통해 말로 표현되지 않는 감정이나 느낌을 서로 공유하며 악기를 다루듯 리듬을 타며 때로는 거칠게 때로는 조심스럽게 또 때로는 침묵의 공간을 할애해 가며 나누는 대화가 진짜 대화라고 생각한다.

이러한 일상생활 속 대화 경험이 쌓이고 쌓여서 수많은 사람들 앞에서 마이크를 잡았을 때 자신도 모르게 그 진가가 드러나는 법이다. 그렇지 않은가. 평소에 대화다운 대화 한 번 제대로 하지 않는 사람이 어떻게 수십, 수백 명 청중을 앉혀놓고 발표를 할 수 있으며 클라이언트와 심사위원들 앞에서 자신의 계획과 콘텐츠를 어필한단 말인가?

그리고 이러한 부작용은 이미 시작되었다. 〈한국일보〉 2013년 10월 5일자에 실린 '통화할 때 울렁… 전화 공포증 아시나요'라는 기사에는 시부모나 상사 그리고 고객 등과의 음성대화에 스트레스를 받는 사람들이 늘고 있으며 스피치 학원에서는 이런 사람들을 위해 통화 훈련 프로그램을 개설했다는 내용이 담겨 있다. 그리고 이에 대한 원인을 나은영 서강대학교 커뮤니케이션

학부 교수는 다음과 같이분석하고 있다.

“현대인들이 가장 기본적인 커뮤니케이션 매체인 목소리 대신 친한 사람들끼리 문자에만 의존하다 보니 다른 사람과의 직접적인 대화에 어려움을 겪고 있다.”

이는 단순히 언론에서 과장하는 것이 아니다. 내가 실제로 겪고 있는 일이다. 문자나 이메일보다 전화를 선호하는 특성상 업무적으로 전화를 걸어보면 “내가 지금 한국 사람과 통화를 하는 게 맞나.” 하는 답답한 느낌을 받을 때가 한두 번이 아니다. 그리고 나는 이러한 원인이 카카오톡과 SNS에 있음을 믿어 의심치 않는다.

대화를 하라,
사람과 진짜 대화를!

발표라는 것은, 프레젠테이션이라는 것은, 사람들 앞에서 마이크를 잡는다는 것은 결국 경험이다. 얼마나 많이 사람들 앞에 서봤느냐, 사람들 앞에서 얼마나 많이 마이크를 잡아보았느냐 하는 경험들이 차곡차곡 쌓여서 발표력으로 드러나는 것이다. 하지만 그러한 경험을 쌓기 위한 기회는 생각만큼 많지 않다. 마이크를 잡을 기회도 회식 때 노래방 아니면 찾아보기 힘들다. 그러다 어느 날 갑자기 중요한 발표를 덜컥 맡게 되면 부족한 경험을 빠른 시간 안에 만회하기 위해 스피치 학원의 문을 두드리게 되고 학원들은 그러한 고객들의 핸디캡을 사랑과 친절로 감싸며 조용히 수강료를 챙긴다.

하지만 현대인들은 발표력 향상을 위한 노력을 하기는커녕 가장 기본적인 커뮤니케이션조차 카카오톡으로 해결함으로써 그나마 있는 발표력의 씨앗마저 갉아먹고 있다. 그리고 이러한 부작용은 앞으로 점점 더 심해질 것이다. 그러니 당신 자녀들, 그리고 당신 자신의 발표력을 위해 지금 당장 해야 할 일은 카카오톡을 삭제하는 것이다. 카카오톡을 삭제하면 사회생활 못한다고 엄살떨지 말자. 카카오톡 없던 시절에도 잘만 살았다. 그리고 아이에게 정확히 알려주는 것이다. 진짜 대화라는 것은, 커뮤니케이션이라는 것은 상대방의 눈을 보고 내 성대를 울려 말하는 것이라고.

스마트폰과 인터넷이 없던 시절을 겪어봤던 당신이 바로잡아주지 않으면 인터넷과 스마트폰이 마치 공기처럼 원래부터 있었던 것인 양 착각하고 사는 당신의 아이는 제대로 된 커뮤니케이션을 경험하지 못한 채 성인이 될 것이다. 끔찍하지 않은가. 그리고 이러한 끔찍한 예상과 걱정은 나만 하는 게 아니다.

"기술 혁신이 세상을 더 좋게 만들 겁니다. 여러분 세대에는 기술의 힘이 더 커질 거예요. 그러나 기술에 지배당하면 안 됩니다. 어렵겠지만 하루에 한 시간씩은 휴대전화를 끄세요. 휴대전화를 끄고 스크린에서 눈을 떼고 사랑하는 사람과 눈을 맞추세요. 대화를 하십시오. 진짜 대화를 하세요. 문자를 보내지 말고 진짜 대화를 나누세요. 말하고 듣고 보세요. 당신을 웃게 하는 가족, 친구와 이야기 하세요. 여러분 주변의 것들을 마음껏 느끼시기 바랍니다."

애플의 iOS와 함께 전 세계 스마트폰의 운영체제를 양분하고 있는 안드로이드를 만든, 구글의 수장이던 에릭 슈미트Eric Schmidt가 버클리대학교 졸업식 연설에서 한 말이다. 그것도 2012년도에 말이다.

자기 방에 틀어박혀
컴퓨터와 게임에 영혼까지 송두리째 빼앗길 정도로 몰두하고
휴대전화를 통하지 않고서는 타자와 의사소통도 하지 못하는 아이들은
대학을 졸업하고서도 스무 살이 훨씬 넘어서도
이 세상을 구성하는 현실이 무엇인지를 모른다.

- 《나는 길들지 않는다》 중에서

《나는 길들지 않는다》 | 마루야마 겐지 지음 | 김난주 옮김 | 2014년 10월 | 바다출판사

에필로그

결국 사람이 하는 일이다

출판사에 원고를 넘기기 위해 최종 검토를 하고 있을 때 알파고와 이세돌 9단의 대국이 한창이었습니다. 사람들의 관심은 바둑을 넘어 인공지능이 얼마나 인간의 직업을 대체할 것인가에 대한 불안과 기대로 옮겨 갔고 저 역시 프레젠테이션의 미래에 대해 생각해보지 않을 수 없었습니다.

제가 내린 결론은 이렇습니다. 프레젠테이션은 사람이 사람에게 하는 것이고, 인문학이 '인간의 사상 및 문화를 대상으로 하는 학문 영역'이라고 정의될 때 프레젠테이션 또한 인문학이라고 말입니다. 많은 프레젠터들이 공허한 소리만 해대는 이유가 인간에 대한 진정한 이해 없이 형식적인 이론과 허울뿐인 전략으로만 접근하기 때문입니다. 그렇기 때문에 이 책이 인문학 코너에 진열된다 하더라도 전혀 이상할 게 없을 것입니다.

마지막으로 다시 한 번 강조하고자 합니다. 프레젠테이션을 프레젠테이션으로만 보지 마시기 바랍니다. 프레젠테이션과 사람을 따로 생각하지 마시기 바랍니다.

결국, 사람이 하는 일입니다. 사람.